精读王阳明

王春永◎著

浙江人民出版社

图书在版编目(CIP)数据

精读王阳明 / 王春永著. —杭州 : 浙江人民出版社, 2019.6

ISBN 978-7-213-09317-3

Ⅰ. ①精… Ⅱ. ①王… Ⅲ. ①王守仁(1472—1528)-思想评论 Ⅳ. ①B248.2

中国版本图书馆 CIP 数据核字(2019)第 099236 号

浙江省版权局
著作权合同登记章
图字:11-2018-559号

精读王阳明

王春永　著

出版发行　浙江人民出版社(杭州市体育场路 347 号　邮编　310006)
　　　　　市场部电话:(0571)85061682　85176516
责任编辑　诸舒鹏　　　营销编辑　陈雯怡
责任校对　杨　帆　　　责任印务　程　琳
封面设计　张合涛
电脑制版　杭州大漠照排印刷有限公司
印　　刷　杭州丰源印刷有限公司
开　　本　880 毫米×1230 毫米　1/32
印　　张　9
字　　数　223 千字
版　　次　2019 年 6 月第 1 版
印　　次　2019 年 6 月第 1 次印刷
书　　号　ISBN 978-7-213-09317-3
定　　价　48.00 元

如发现印装质量问题,影响阅读,请与市场部联系调换。

序

王阳明(1472—1528),名守仁,字伯安,宁波余姚人。因为他曾经筑室于家乡阳明洞中,世称阳明先生,他创立的学派又被称为阳明学派。

阳明一生的经历复杂而富有传奇性。十一岁前,他在祖父王伦养育下成长,后随父亲王华到北京,一度热心骑射、研习兵法。

十五岁这年,他一个人偷偷地溜出京城,一路北上,游览居庸三关。居庸关分下关、中关、上关三关,三关相距十五里,出上关北门就是八达岭。阳明骑马在下关两山之间的小道上行走,突然有两个鞑靼人骑马迎面而来。阳明拈弓搭箭,大叫一声朝他们冲了过去。鞑靼人见到一个举着弓箭的中原人冲过来,勒马扭头就跑。

阳明在关外玩了一个多月才回北京,被老父臭骂了一通。

不久,十七岁的阳明回江西结婚。结婚的那一天,他偶然走进一座道观,见到一位道士趺坐。阳明于是叩问那位道士养生之道,并和道士聊了起来。因为聊得太投入了,竟然一坐忘返,直到第二天早晨才被岳父家的人找了回去。

第二年,他带着新妇回家乡余姚途中,拜访了学者娄一谅(1422—1491)。娄一谅向他介绍朱熹的格物说和通过学习就可以超凡入圣的思想,使他深受启发。二十一岁,阳明中乡试,遍读朱熹著作,二十八岁中进士,任职于工部,后又担任刑部云南清吏司主事。

明正德元年(1506),武宗朱厚照继位,太监刘瑾专权,王阳明因抗疏救援戴铣等人被刘瑾廷杖,不久被贬为贵州龙场驿丞。

但就在这样险恶的环境中,阳明依然没有忘记他那做世间第一等人第一等事的豪情壮志。他问自己:倘使叫圣人来面对这种境遇的话,又会有什么办法?

他自己思索,一切得失荣辱到此境地已然可以超脱,只有生死一念还没有净化。他做了一个石榻,日夜端居静默,努力把怕死的心一并超越。逐渐地,他觉得胸中洒洒,渐次的空了。一天半夜,他在睡梦中听到好像有人告诉了他什么,一下子跳跃欢呼起来,旁边的人都被惊醒。从此,他发明了格物致知的新学说,这就是"龙场悟道"。

刘瑾伏诛后,阳明被召回内地,历任南京刑部四川清吏司主事,北京吏部验封清吏司主事、文选清吏司员外郎、考功清吏司郎中等职,后升任南京太仆寺少卿。太仆寺是明朝朝廷的马政管理机构、寺署设在滁州,负责舆车与军马驯养。少卿是副职,相对政务较简。行政之余,阳明常带弟子涉险寻幽。月圆之夜,数百名从游者环龙潭而坐,歌声震动山谷。

正德十一年(1516),在兵部尚书王琼的推荐下,升任都察院左佥都御史的阳明受命平定赣南民变。正德十三年正月,阳明平定池仲容(池大鬓)部,奏请设立和平县,并兴修县学。

正德十四年(1519),阳明升任都察院右副都御史。六月,他督兵讨伐宁王朱宸濠发起的叛乱,仅用三五日即生擒宸濠。不料,他却被朝内谗臣张忠、许泰等人诬陷要造反,险遭不测。跟随平乱的将士除了吉安知府伍文定以外,都没有得到应有的奖励,阳明门人冀元亨等人更被罗织罪名下狱。

明世宗继位后,阳明被任命为南京兵部尚书(明朝迁都北京后,在南京仍设有吏、户、礼、兵、刑、工六部,称南部,但均为虚职),封新建伯。但因遭到杨一清、桂萼等朝内反对派的攻击和排挤,从正德十六年(1521)到嘉靖六年(1527)一直过着退隐生活。

正德十六年(1521),五十岁的阳明在江西开始揭示致良知之教。年谱上说,他自经宸濠忠泰之变,益信良知足以忘患难,出生死。阳明在此前还是借用前人话头证实他自己的经验，至此才有自创的宗旨和自铸的话柄，卓然成一家之言。

嘉靖六年(1527)五月，朝廷再次起用阳明，平定广西民变。阳明平乱后，在当地兴办南宁书院，建立思田学校。嘉靖七年十月，阳明病重，上疏请求回乡养病。批复迟迟未到，阳明把军务交与他人，匆匆踏上回乡之路。

但阳明终究没有能够回去。十一月，他到达了江西南安，再也走不动了。临终之前，门人聚在他身旁，问他还有什么遗言。阳明笑了笑，用手指向胸前，留下了他在人世间的最后一句话："此心光明，亦复何言。"

阳明精通儒家、道家、佛教，而且有非比寻常的政治军事才能，是一位治世能臣。清人王士祯称赞他"立德、立功、立言，皆居绝顶"，为"明第一流人物"。

阳明才高学邃，治学不倦，广泛教化，教育思想充满人性关怀，而且有着浓烈的创新精神。他积极追求个性解放，在哲学上提出"致良知""知行合一"等观念，最终集"心学"之大成，开创了著名的"姚江学派"，成为明朝中晚期的主流学说之一。

他的"心学"的思想本质是强调个性化的发展、个人意愿的尊重及个体创造力的调动，至今仍有很强的现实意义。要真正理解和体悟阳明的思想，有几个方面必须了解。

第一是要了解阳明本人的行状和心路历程。

若知山中路，须问过来人。我们不仅要把他指出的路看清楚，更要努力把他如何走这条路看清楚，这样，才能把他的体验移到自身，设身处地加以体验。只有如此，才能和他心心相印，不仅弄清他的思想，更能从这些思想中吸收到对自己生活有益的营养。而只有把理解和体验工夫结合起来，并且把体验工夫作为主要追求，才能真正把它变成自己生命的一部分。

正如钱穆先生所说：他的良知，决不是现成的东西，也不是平凡简单的把戏，更不是空疏无着落的一句话。要研究王学的人，不要忘了他成学前的一番经历。他说立志，说诚意，说事上磨炼，说知行合一，说易简，说真切，说的一切，都要他自己成学前的种种经历来注释。忘了他的实际生活来听他的话，永不会了解他说话的真意。听了他的话，忘了你自己的实际生活，更不会了解他话的意义。

第二，要了解心学发展的时代精神背景。

在中国历史上，阳明和心学是一道个性鲜明的风景。但是任何一种学说，无论看上去如何开天辟地和伟大，终究也带有产生它的那个大时代的色彩。

总体来说，宋代的精神文化主流是适应文人士大夫情趣的，是理性的。当时的人自觉不自觉地希望在人的生命中树立起一种远大理想，追求思想的纯粹性和客观性，时代里充满着静穆严肃的风气。在这一背景下，朱熹吸收禅学，特别是以理事无碍法界说的《华严经》和老庄思想，扬弃了传统儒学的人道和人伦，建立了理学系统。

宋朝灭亡，汉族的知识阶层由朝堂下野，栖居于草莽之间。由他们保存下来的文化，也开始发生适应平民情趣的变化，平民文化因而兴起。元朝灭亡，继之而起的明朝虽是汉族朝廷，但平民文化依然繁荣。明中叶以后，随着社会经济的不断提高，适合士大夫理性的文化衰颓，而适应平民的精神文化更加兴盛发达。

与宋人相比，明人的心灵更加切实和单纯，更重行而不重知。他们关注身心，更甚于关注外部的世界。此时，理想主义的东西，因为过于固定和抽象而变得空虚，被认为与现实生活中的追求相背离。于是，人们开始追求充满情感和生意的东西，而厌倦需要烦琐分析的哲学。以心学为轴心的明学，就在这样的时代风潮中发展起来。朱熹的性气、理气二元论体系，至此也被具有一元论思维结构的心性论和理心论所推翻。（据冈田武彦说）

在这样的背景下出现的阳明心学，自然既不是唯心的，也不是唯物的，而是把心与宇宙万物浑然打成一片的。它讲知行合一、本体与工夫合一，也就是自然而然的了。

谈到心学的发展背景，无法绕过它与佛、道两家的联系。

从儒家的传承来说，阳明提出致良知，是对《大学》致知说与孟子良知说的继承与发展。而同时，它又是将禅宗“即心是佛”“明心见性”思想融进儒学的成功尝试，其工夫与佛老机趣尤其是禅悟精神有深刻的互通之处。

心性工夫是心学与佛学的共法，但阳明认为，佛家的心学仅仅追求心不受外物拘束困扰，所以即使有不当之理也可以不以其为心之累。因此，佛家所谓的以尽心为宗，不过是陷于自私之偏而追求独善，绝弃人伦事物而流于虚寂，因而不能成就经世济人之业，而不免分离人我、内外和动静，不如儒家的彻上彻下、大中至正。

阳明对于佛教的批评，其实也有其不公允的地方。因为佛教并非如阳明所批评的那样“忽视”世间生活，而是即世间而超越于世间。陈荣捷先生指出，阳明之批评禅学，正如明儒之批评阳明，皆不免门户之见，于禅宗之好处与其伟大贡献，均不置一词。只攻其出世，而忽视其圣俗并重。

明代学者林兆恩谈到，孔子以三纲五常立本，老子以修心炼性入门，释趣以虚空本体为极，这是三教之“教”而非“道”。这就好比江湖沟渠虽然各有不同，但其中的水却是一样的。所以，李贽甚至认为，在道的问题上，本来没有儒老佛之异，只是由于后学亚流的邪说，才有了别名异同。

第三，要把我们自己的身心问题放到心学的体系里找答案。

阳明的致良知学说，是从百死千难中得来。我们现代人既不会被廷杖流放到龙场，也基本不会有带兵在万山丛中作战的机会。但是我们无论是在家里还是在学校或者公司，无法解决的问题也一定不会少。其中有些问题是人类有史以来的大哉之问，但更多的却是具体而微的身心问题。

阳明在龙场悟道前反复思量的一个问题，就是假如圣人处于他这样的困境中，会以什么样的方式来面对。几百年后我们读他，自然也须结合我们自己的身心状态，思量一个问题：假使阳明处于我的处境，会以什么样的方式对待？假使阳明遇到我现在出现的问题，又会如何来解决？

说到底，心学是在人生具体情境中的活的呈现，也是依语境时机的活的表达。它不是言语所能及的知解工夫，也不是刻意探微的逻辑分析技巧，而是随机体认的工夫。所谓“哑子吃苦瓜，与你说不得；你要知此苦，还须你自吃”。只有入心体认，才能在身心浸润中领悟滋味，改造生命。

阳明所生活的物质环境，比起我们来自然可以说是狭小而极其有限，但是他内部的心灵世界，却比现代人不知要广阔光明多少倍。他的心灵在认识世界和解决问题时所发出的力量，又不知比我们大出多少倍。我们的问题，很少不是出于自身的偏狭与无知，体认阳明，其实就是要借用它，来点亮和稳定我们在风中摇荡的心灵烛光，照亮我们不曾看到的地方，扩大我们的视野与胸襟，解决我们的身心问题。

阳明的哲学思想，主要反映在《传习录》和《大学问》等著作中。《传习录》是阳明讲学言论，以及与友人、弟子谈论学术书信的汇编，体裁与孔门的《论语》相似，而语言生动、深入浅出更过之。全书分为上、中、下三卷，由阳明的弟子们整理编辑，后又于阳明身后几次汇整增补，成为今日所流传的《传习录》。

正德七年(1512)，阳明的弟子徐爱开始陆续记录先生论学的谈话，并编纂刊印。正德十三年，另一弟子薛侃将徐爱所录残稿及陆澄与他新记录的部分合在一起，在虔州(今江西赣州)刊行，也命名为《传习录》。嘉靖三年(1524)，南大吉增入王阳明论学书信若干篇，仍以《传习录》为名，在越(今浙江余姚境内)出版。

嘉靖三十三年(1554)，王阳明的弟子钱德洪就陈九川等所录

《遗言录》加以删减，与他及王龙溪所录，一同编为《传习录》，在宁国（今安徽省境内）出版。嘉靖三十五年，他又将黄直所录的部分编入《传习续录》中，在蕲州（今湖北省境内）刻印。

事实上，弟子们搜集整理和出版阳明著作都承担着巨大压力。阳明去世之后，“有忌者行谮于朝，革锡典世爵”，嘉靖帝听从权相桂萼之言，王学被定为“伪学”而遭到严禁。后来在众多具有较高官位和影响的王门弟子的明争暗抗下，禁令虽然渐渐松弛，但是终嘉靖一朝，王学也没有得到正式平反。

但是心学的深远影响却是禁不掉的。有明一朝，阳明的弟子和再传弟子中入阁拜相者不乏其人，其中就包括除掉权奸严嵩的徐阶、改革家张居正以及学博才高的赵贞吉，在各个领域领一代风骚者更是代不乏人，如诗人画家徐文长、戏剧家汤显祖、科学家徐光启和思想家李贽等。

《传习录》作为记录阳明思想的基本著作，堪称王门之圣书，心学之经典。它不但影响了中国人数百年来的思想，而且享誉海外，对日本及东亚都有较大影响。据记载，日本海军大将东乡平八郎率日本舰队以弱胜强大败俄国太平洋舰队和波罗的海舰队。他回国后，面对一片夸赞之声，拿出自己的腰牌给大家看，上面有七个大字：一生俯首拜阳明。

目　录

第七章　莫让私欲遮蔽良知的镜子

第八章　发掘我们心灵的直觉力

第一章

把知与行
当作是一件事

知是行的主意，行是知的工夫

“知是行的主意，行是知的工夫”，是人们常常提及的阳明关于“知行合一”的话头，有人认为这句话是说人的意识思想及观念要领先于行为实践，而行为实践是思想意识及观念的实现、完成，由此推论出阳明“知行合一”在实质上是主张“知先行后”。

这其实是误解了阳明。我们考察阳明整体的“知行合一”说，就发现他一直主张“知行不可分作两事”，知中含行，行中含知。无论从逻辑上还是经验上，二者在阳明的思想中都无主次和先后之分。

如果我们通过大脑思维，知道某事某理在逻辑上是正确的，这还并不是知，因为逻辑正确不会对我们的身心有任何影响。只有我们从内心感受到某事某理的力量和价值，它才会成为主意，成为我们身心的一部分，这才算是知。而这个过程，是知与行的交互作用。在知与行互动下，我们和世界才会碰撞和感应，身心才会改变。

知是行的开端，行又是知的完成。没有这个过程，即使我们面壁十年，也仍然只能算是无知。这才是“知是行之始，行是知之成”的道理。

原文

爱曰：“古人说知行做两个，亦是要人见分晓。一行做知的工夫，一行做行的工夫，即工夫始有下落。”

先生曰：“此却失了古人宗旨也。某尝说知是行的主意，行是知的工夫。知是行之始，行是知之成。若会得时，只说一个知，已自有行在；只说一个行，已自有知在。古人所以既说一个知，又说一个行者，只为世间有一种人，懵懵懂懂的任意去做，全不解思惟省察，也只是个冥行妄作，所以必说个知，方才行得是。又有一种人，茫茫荡荡悬空去思索，全不肯着实躬行，也只是个揣摸影响，所以说一个行，方才知得真。此是古人不得已补偏救弊的说话。若见得这个意时，即一言而足。”

——《传习录·徐爱录》(五)

今译

徐爱说：“上古之人把知行分开来讲，亦是让人有所区分，一方面做知的工夫，另一方面做行的工夫，如此工夫方有着落。”

先生说：“这样做就抛弃了古人的意旨了。我以前说知是行的主意，行是知的工夫，知是行的初始，行是知的结果。如果深谙知行之理，若说知，行已自在其中了；若说行，知也自在其中了。古人之所以知行并提，只因世上有一种人，只顾稀里糊涂地随意去干，根本不思考琢磨，完全肆意妄为，因此必须说一个知，他才能行得端正。还有一种人，海阔天空漫无边际地思考，根本不愿切实力行，只是无端空想，所以说一个行，他方能知得真切。这正是古人为了救弊补偏，不得已而使之对策。假若明了这一点，一句话足够。”

知行本为一体，共同切于身心

只说一个知，行就已经在了；只说一个行，知便已包含了。之所以既说一个知，又说一个行，是一种补偏救弊的做法，并不是把知行分成两件事去研究，更不是先有知然后才能去行。正如阳明所说“未有知而不行者。知而不行，只是未知”。他用“痛”和“寒”两个例子，说明人一定是先痛了才知道痛，也是先冷了才知冷，来说明知与行是一体的，是无法分割的。

举个生活中的例子，旅游来到一个地方，一下车看到美丽的绿树清泉，这属于知，由此喜欢上这风景属于行。但是细细一想，我们是在见到风景的那一刻就已经心生欢喜了，而并不是看到风景以后，才开始琢磨怎样去喜欢它！反之，如果一下车看到的是一片垃圾山，这看到是知，而心生厌恶是行。我们在看到垃圾时就已经不自觉地讨厌了，而不是想了半天才明白自己应该讨厌它！

如果在任何事情上，我们既不盲动也不空想，而是见善即迁、闻过则改，那么即便是说知行两个都无妨，其根本还是一个；而如果未曾领会，即使硬说知行是一个，也不过是闲磨牙罢了！他举生活中常见的现象来说明。如果说一个人是孝子，不能说他成天把孝顺挂在嘴上就判断是孝子了，还必须观其行，只有在行动上奉行孝道方才是真的孝子。

格物以获得真知，是修身工夫。知行要合一，而不是分离。

原文

就如称某人知孝，某人知弟。必是其人已曾行孝行弟，方可称他知孝知弟。不成只是晓得说些孝弟的话，便可称为知孝弟。又如知痛，必已自痛了，方知痛。知寒，必已自寒了。知饥，必已自饥了。知行如何分得开？

——《传习录·徐爱录》（五）

今译

这就像说某人孝敬父母友爱兄弟，必定是这个人有孝敬父母及关爱兄弟的行为，大家才会这样评价他，而不会只因为他说过一些要孝敬父母关爱兄弟的话，大家就因此说他是个好人。又比如说知疼痛，必定是身体开始感觉到疼了才知道疼痛；知寒，必定是已经觉得冷了才知道寒冷；知饿，必定是肚子已经饿了才知道饿。所以，知与行哪里分得开呢？

念念遵循天理，内心自然宁静

世间真正的宁静，不是万籁俱寂，也不是蝉噪林愈静，而是心静如水。环境还在其次。一些清修的人喜欢远离尘嚣隐居山林，以求得宁静。其实，这种环境虽然宁静，但如果不能忘却世俗中事，内心依然会是烦杂喧嚣不断。

袁枚《随园诗话》中记载一个故事，有一位名僧见诗人王士祯，大倒苦水说自己每天忙于应酬，颇为辛苦。王对此很反感，十分辛辣地问了一句："和尚如此烦忧，何不出家？"

袈裟未着嫌多事，着了袈裟事更多。让和尚出家，看似玩笑，实则是真慈悲大智慧。

要得到真正的心内宁静，就必须扬弃一切执着，确立动静不二的思想，在静时念念不忘去除私欲，动时也念念不忘存养天理。在这个基础上，我们还须认识到，宁静从本质上也只不过是"中"的一种表象，只有循理才是"中"。内心宁静并不是修学的最高目的，不需要刻意追求，只要循理而行就自然而然地得到了。

存天理去人欲，是一句饱受后人断章取义之苦的名言。

其实，朱熹对天理人欲早有解释："饮食，天理也；山珍海味，人欲也。夫妻，天理也；三妻四妾，人欲也。"天理，就是自然单纯而清净健康的生活方式。人要吃饭才能生存，要有夫妻之道才能繁衍后代，所以饮食和夫妻都是天理。相反，人欲就是贪求淫乐放纵，是超出自然需求的淫逸欲求。人要活得自然健康，而不贪求淫乐放纵，这就是存天理去人欲。

原文

问："宁静存心时，可为未发之中否？"

先生曰："今人存心，只定得气。当其宁静时，亦只是气宁静、不可以为未发之中。"

曰："未便是中，莫亦是求中工夫？"

曰："只要去人欲、存天理，方是工夫。静时念念去人欲、存天理，动时念念去人欲、存天理，不管宁静不宁静。若靠那宁静，不惟渐有喜静厌动之弊，中间许多病痛，只有潜伏在，终不能绝去，遇事依旧滋长。以循理为主，何尝不宁静？以宁静为主，未必能循理。"

——《传习录·陆澄录》(二八)

今译

陆澄问："宁心静气之时，可否称为'未发之中'？"

先生说："现在人的宁心，也只是为了静气。在他安静之时，也只是气的宁静，不可妄称为未发之中。"

陆澄说："未发就是中，宁静是求中的工夫吗？"

先生说："只要去私欲、存天理，就可称为工夫。静时念念不忘去私欲、存天理，动时也念念不忘去私欲、存天理，无论宁静与否。如果依靠宁静，不仅渐渐会有喜静厌动的毛病，而且其中诸多毛病，只是暗藏下来，最终不能铲除，遇事随时而生。如果以遵循天理为重，怎么会不宁静？但以宁静为主，不一定能遵循天理。"

情感收发有度，调停适中最好

阳明的弟子陆澄接到家信，得知儿子病危。在这个时候，无论是谁都会方寸大乱。但是也恰恰是这种时候，才是体验心学工夫的好时机。由来所学的东西此时不用，更到何时去用？

当代哲学家冯友兰曾指出，人内在的幸福与快乐的获得，关键在于“应付情感”的方法。一个人若能正确地应付自己的情感，就可以获得这种内在的幸福和快乐。

有一种观点认为，人之所以有情感，是因为人的知识不够，若有充分的知识，则不会有情感。斯宾诺莎就说，情感是人的束缚，若人有完全的知识，就可以把这束缚打破。庄子同意这观点。亲人去世，许多人非常悲哀，但是庄子认为，这是因为他们对于生命本质欠缺认识，他们不知道死就是生的结果。这就是“以理化情”的方法。

儒家并不像道家和佛家那样，要人“清心寡欲”。因为每个活着的人都会有欲望，而有欲望则有七情，即使是阳明本人，也一样有七情六欲。但是七情六欲中有一些过分逢迎私意之恶的东西。这些东西就需要克制。像亲人之爱、朋友之情都是一些美好的感情，对这些感情，是不是应该任其尽情发挥呢？也不是。七情必须有一个适当的度，要做到“乐而不淫，哀而不伤”。

很多时候，度是判定一种感情是好还是坏的标准。人们说，过犹不及，无论是过还是不及，都不是正常的状态。在感情上，过者多，不及者少，但是好的东西一旦泛滥，也会变成一场灾难。所以，阳明指出：“毁誉荣辱之来，非独不以动其心，且资以为切磋砥砺之地。”

原文

先生曰："父之爱子，自是至情，然天理亦自有个中和处，过即是私意。人于此处多认做天理当忧，则一向忧苦，不知已是'有所忧患不得其正'。大抵七情所感，多只是过，少不及者。才过，便非心之本体，必须调停适中始得。"

——《传习录·陆澄录》(四四)

今译

先生说："父亲爱儿子，感情至深，但天理也有个中和处，过分了就是私心。此时，人们往往认为按天理应该烦恼，就去一味忧苦而不能自拔，正是'有所忧患不得其正'。一般说来，七情的表露，过分的多，不够的少。稍有过分，就不是心的本体，必然调停适中才算可以。"

务实之心要重，务名之心要轻

为学之目的是知真善，行真善，这都出自人的良知，是良知的内在需要和外在表现。好名则让人忽视良知，以实际的功效和名誉来评判为学之内容和用途，这就容易使人偏离人性之善，流于世俗人情。

事实上，有人虽然口头上也会讲善讲仁，但他们并不能区分行为的善与不善、仁与不仁，实际就是不知善与仁。只有根据实际的表现，才能判断一个人是否真正懂得了其名。如果只从名称、概念上分辨，而不能在实际上对事物进行区别，就不能叫作真知其名。

也就是说，实是第一性的，名是第二性的。名由实所决定，是否真正知名，应受实际行动的检验。

原文

先生曰："为学大病在好名。"

侃曰："从前岁，自谓此病已轻。此来精察，乃知全未。岂必务外为人？只闻誉而喜，闻毁而闷，即是此病发来。"

曰："最是。名与实对，务实之心重一分，则务名之心轻一分。全是务实之心，即全无务名之心。若务实之心如饥之求食、渴之求饮，安得更有工夫好名？"

——《传习录·薛侃录》(一〇五)

今译

先生说："为学最大的弊病就是好名。"

薛侃说："自前年起，自感好名的毛病已经减轻许多。最近仔细省察，才发现这个毛病并未彻底除去。好名仅仅是指外争声名吗？只要闻誉而喜，闻毁忧郁，就是好名的毛病在发作。"

先生说："十分正确。名与实相对。务实的心重一分，求名的心就轻一分。若全是务实的心，就没有一丝求名之心。如果务实的心犹如饥而求食，渴而求饮，哪来好名之工夫？"

知之真切笃实处即是行，行之明觉精察处即是知

阳明在提倡知行合一时，以知之真切笃实为行，以行之明觉精察为知，而诚则可以说是知之真切笃实处，良知则可以说是行之明觉精察处。所以一般认为，良知也可叫作诚，离开诚就无良知可言。这就是阳明所谓的“诚是实理，只是一个良知”的真谛。

知时，其心若不真切笃实，那么知亦就因为不能明觉精察而成为妄想，故而不能只要明觉精察而不要真切笃实。行时，其心若不明觉精察，那么行也就因为不能真切笃实而成了冥行，故而不能只要真切笃实而不要明觉精察。

心之本体本来如此，所以知行只是一个工夫，将其分而言之也无非是为了以一为本而救弊补偏罢了。阳明还谈到，如果善于体会这个主旨，便可不必特意叫“合一”，也不妨叫“并进”。这是阳明知行合一论的主旨。

原文

知之真切笃实处即是行，行之明觉精察处即是知。知行工夫，本不可离。只为后世学者分作两截用功，失却知行本体，故有合一并进之说。

真知即所以为行，不行不足谓之知。即如来书所云知食乃等说可见，前已略言之矣。此虽吃紧救弊而发，然知行之体本来如是，非以己意抑扬其间，姑为是说，以苟一时之效者也。

——《传习录·答顾东桥》(一三三)

今译

知的确切笃实处即为行，行的明觉精察处即为知。知行的工夫，本不能分离。只因后世学者把知行分为两部分下工夫，遗弃了知行的本体，因此才有知行合一齐头并进的主张。

真知即为能够去行，不行不足以称知。犹如来信所讲，知食才吃等例子也可说明，这一点在前面已简要谈到了。这虽然是为了挽救时弊而提出来的，然而，知行的本体本亦如此，并非用己意来抑扬其间，胡乱提出观点，以求一时的效用。

既要戒惧守静，又要随缘应物

阳明认为，致良知是学问之头脑，若求于闻见之末，就会失却头脑而堕于第二义。不过这并非不要闻见之知。如果得头脑的话，多闻多见也会成就致良知之功。因此，它并不是要人整天“空心静坐”从而百事不做、百无所思，而是能戒惧谨慎和随缘应物，既不执着于任何事物和欲念，也不舍弃任何事物。

心学的实践追求“动中之静”，都是在追求“静”中之大用，明清学者常常批评阳明心学受禅宗影响而“空谈心性”，从而“空疏无用”。实际上，他们实在是看走眼了，不仅是心学，甚至连禅宗也从没有“空谈心性”。禅宗所建立的“心性之学”从一开始就是强调“大机大用”的，就是强调“静”中起用的。

动静合一，也就是把闻见之知与良知浑然合一。阳明甚至说，致良知有求于闻见，在语意上未免会以两者为二，虽然这与专求闻见之末尚有一些不同，但在未得精一之旨这点上则是共同的（《答欧阳崇一》）。

原文

九川问：“近年因厌泛滥之学，每要静坐，求屏息念虑，非惟不能，愈觉扰扰，如何？”

先生曰：“念如何可息，只是要正。”

曰：“当自有无念时否？”

先生曰：“实无无念时。”

曰:“如此却如何言静?”

曰:“静未尝不动,动未尝不静。戒谨恐惧即是念,何分动静?”

曰:“周子何以言‘定之以中正仁义而主静’?”

曰:“无欲故静,是‘静亦定,动亦定’的‘定’字,主其本体也。戒惧之念,是活泼泼地,此是天机不息处,所谓‘维天之命,于穆不已’,一息便是死,非本体之念即是私念。”

——《传习录·陈九川录》(二〇二)

今译

九川问:“这几年因厌恶泛览博观,常常想独自静坐,以求摒弃思虑念头。但是,不仅不能达到目的,反而更觉得心神不宁,这是什么原因?”

先生说:“思虑念头,怎么能打消它?只能让它归于正统。”

九川问:“念头是否有没有的时候?”

先生说:“的确没有无念之时。”

九川又问:“既然如此,因何说静呢?”先生说:“静并非不动,动也并非不静。戒慎恐惧就是念头,为何要区分动和静?”

九川说:“周敦颐为什么又要说‘定之以中正仁义而主静’呢?”

先生说:“没有欲念自然会静,周敦颐说的‘定’也就是‘静亦定,动亦定’中的‘定’,‘主’就是指主体。戒慎恐惧的念头是活泼的,正体现了天机的流动不息,这也就是所谓的‘维天之命,于穆不已’。一旦有停息也就是死亡,不是从本体发出的念即为私心杂念。”

工夫不离本体，本体原无内外

在阳明的心学体系中，“本体”与“工夫”相比，“本体”更为根本，没有“本体”作为前提，“工夫”就如无源之水、无本之木，无从谈起。所以阳明才说：“工夫不离本体；本体原无内外。只为后来做工夫的分了内外，失其本体了。如今正要讲明工夫不要有内外，乃是本体工夫。”而同时，“工夫”又是成就“本体”的唯一路径，舍“工夫”谈“本体”，无异于纸上谈兵、舍本逐末。

不过，他虽然这样揭示良知而提倡本体工夫一体论，但并不突出本体工夫一齐彻悟的方法，也就是所谓直下悟入（纯悟）的方法。这是因为在他看来，如果轻易地照此去做，那就会放弃实地之功而玩弄光景，反而辜负良知。这一点，在他与两大弟子天泉论道的时候已经明白地指出。

阳明弟子罗近溪指出：如果说本体之外有工夫，那么心就被蒙蔽，而如果说工夫之外有本体。那么本体也就成支离了（《近溪子集·庭训下》）。这似乎也可以说是对阳明本体工夫之主旨的贴切说明。

原文

后在洪都，复与于中、国裳论内外之说，渠皆云物自有内外，但要内外并着，工夫不可有间耳。以质先生。

曰："工夫不离本体，本体原无内外；只为后来做工夫的分了内外，失其本体了。如今正要讲明工夫不要有内外，乃是本体工夫。"

——《传习录·陈九川录》(二〇四)

今译

后来在洪都时，九川又和于中、国裳探讨内外的问题。于中、国裳两人都说身体本身有内有外，但内外都要兼顾，工夫无分内外。就这个问题，三人向先生请教。

先生说："工夫不离本体，本体原无内外。只是因为后来做工夫的人将它分成内外，丧失了本体。现在正是要讲明工夫不要分内外，这个才是本体的工夫。"

合着本体是工夫，做得工夫识本体

本节所论，是结合本体说工夫。在阳明的心学系统中，良知一开始便被赋予本体的意义，致良知则表现为后天的工夫，良知与致良知的关系，逻辑上展开为本体与工夫之辨。与统一良知和致知的思路相应，阳明更多地注意本体与工夫相即相合这一维度："合着本体的，是工夫；做得工夫的，方识本体。"

阳明谈论良知，证会本体，从来不是悬空而言，而是就其至真至实的具体之处而言。本体无一刻不呈现于具体事象之中，工夫所至即是本体，良知即具体真切处活泼泼地呈露流行。对此，阳明进一步用《中庸》的"不睹不闻"和"戒慎恐惧"作了如下说明："本体原是不睹不闻，原是戒慎恐惧。"因工夫即是本体，故能戒慎恐惧的即是本体；因本体即是工夫，故一方面能戒慎恐惧，另一方面又能超越戒慎恐惧的工夫。

阳明是适应人的资质使之开悟的妙手，对还没有得到学问头脑者，以提倡良知之现成而激励之；对那些颖悟能力较强得了头脑的人，则强调工夫的重要性，以使之百尺竿头更进一步。他点拨弟子不是用伦理教条，而是处处结合每个人具体的生活情境让他们自己去体验，让他们在具体情境下体认本心良知，弟子闻教而悟，无不欢呼雀跃，欣然乐而忘归。

原文

先生曰："合着本体的，是工夫；做得工夫的，方识本体。"

——《传习录拾遗》

今译

先生说："与本体相合的，才是真的工夫；真做工夫的人，才算了解了本体。"

念头产生之时，行动已在其中

在儒家哲学中，知与行是道德实践的一对重要范畴，所讨论的是知识与实践的关系问题。不过，正如陈来先生所指出的："……在阳明哲学，知的意义仅指意识或主观形态的知，是一个纯粹主观性的范畴；……行的范畴则有两种含义……一方面可以指人的一切行为，另一方面……还可以包括人的心理行为。"

阳明所说的知，是体验之知，"知行合一"不是认识与实践的统一，而是把知与行在言行举止上合二为一。这可以说是将知扩充到行，把行扩充到知，而以行为知，以知为行的。

知中含行，行中含知，他这种"知行合一"说其实质是消行归知，以知为行，把知与行在主观内心里合一。换句话说，他的知行合一就是致良知，良知是知，致的工夫是行，知是道德意识，行是内心世界的道德修养。这就明白地揭示了其合一论的宗旨。

原文

问知行合一。

先生曰："此须识我立言宗旨。今人学问，只因知行分作两件，故有一念发动，虽是不善，然却未曾行，便不去禁止。我今说个知行合一，正要人晓得一念发动处，便即是行了。发动处有不善，就将这不善的念克倒了，须要彻根彻底不使那一念不善潜伏在胸中。此是我立言宗旨。"

——《传习录·黄直录》(二二六)

今译

有人就知行合一的问题请教先生。

先生说："这需要首先了解我立论的主旨。如今的人做学问，因为把知行当两回事看，所以当产生了一个恶念，虽未去做，也就不去禁止了。我主张知行合一，正是要人知道有念萌发，也就是行了。若产生了不善的念头，就把这不善的念头克去，并且需要完完全全地把它从胸中剔除。这方是我立论的主旨。"

第二章

在意念

发起时反省察觉

笃信前圣先贤，不如反身以求

在孔子的弟子里，子夏和曾子被分别当作两个典型，那就是在遇到问题时，一个是深信前圣先贤的教诲，一个是反求诸己，从自身的体悟中寻求答案。阳明指出，深信前人教导固然不错，但不如反求自身来得深切。

笃信是解决疑惑的便捷法门，但也是一个危险的方式。因为圣贤有很多，他们的很多教诲是针对某时某地甚至某件事情而发的，未必放诸四海而皆准，必须有很强的分辨力才能知道哪些是适用于自己的。更何况，还有层出不穷的伪经典、假圣贤。而“反求诸己”，则是一种更为可靠的心法。

陆九渊有一句话，很值得大家思考：“尧舜之前何书可读？”阳明也说：“四书五经，不过说这心体。”两句对读，可知何者轻何者重。

致良知的工夫，说到底无非是静处体悟和事上磨炼，都属于“反身践履”的工夫。阳明认为：“良知本是明白，实落用功便是。不肯用功，只在言语上转说转糊涂。”

钱德洪在编撰《传习录》的跋中也提醒读者说：“学贵反求，非知解可入也。”“读者不以知解承，而惟以实体得，则无疑于是录也矣。”这两句话也可以作为我们学习一切典籍的原则。古人用射箭来比喻做人的道理，夫子说“射有似乎君子”，射箭好像做人的道理，当没有射中的时候，我们是寻找更好的理论呢，还是调整自己的姿势呢？答案不言而喻。

原文

先生曰："子夏笃信圣人，曾子反求诸己。笃信固亦是，然不如反求之切。今既不得于心，安可狃于旧闻，不求是当？就如朱子亦尊信程子，至其不得于心处，亦何尝苟从？"

——《传习录·徐爱录》（六）

今译

先生说："卜商笃信圣贤，曾参反躬自省。虽然笃信圣贤也正确，但是，不如反躬自省来得真实。你现在既然不能明白，怎么能承袭旧说而不去寻求确切的结合呢？就像朱熹先生也尊重崇信程颐先生，但是到了对于程颐先生的说法无法明了于心的时候，又何尝盲目信从呢？"

格物就是格心，去除意念不正

自宋代以来，《大学》所谓格物或格物致知，就一直作为修学要旨而受到重视，阳明当然也不例外，但他与宋儒有所不同。

作为格物的工夫，朱熹曾经列举了“察之于念虑之微”“求之于文字之中”“察之于事为之著”“验之于讲论之际”几条。而阳明把格物之“格”解释作“正”，以格物为意念之着处，去其不正而正其正，亦即去心之不正而全其本体之正。

这一思想，被与阳明同时的朱子学者认为是以内为是、以外为非，并当作佛老的虚无寂灭之论而受到非难。对此，阳明回答说：因为在心物之间没有彼此内外之别，因此我所说的格物不是以内为是、以外为非的，不是专务反观内省而遗弃讲习讨论之功的，也不是专用心于纲领本源之约而以支条节目之详为略的。

阳明指出，自己的格物虽说包括了朱子格物论的几条（参见《大学或问》），然而却有毫厘千里之差（《答罗整庵少宰书》）。因为在阳明看来，朱子的格物说四条并列，不设轻重，因此是缺少头脑，应以其中第一条为治学之头脑，并把它贯穿于其他三条中。

原文

先生又曰："'格物'如孟子'大人格君心'之'格'，是去其心之不正，以全其本体之正。但意念所在，即要去其不正，以全其正，即无时无处不是存天理，即是穷理。'天理'即是'明德'，'穷理'即是'明明德'。"

——《传习录·徐爱录》(七)

今译

先生接着说："'格物'的'格'有如孟子所谓的'大人格君心'的'格'，它是指去除人心的歪斜，保全本体的纯正。并且，在意念中就要去除歪斜以保纯正，亦即无时无处不是存天理，也就是穷理。'天理'即'明德'，'穷理'即'明明德'。"

人心若正即道心，道心失正即人心

人心道心，出自《古文尚书·大禹谟》："人心惟危，道心惟微。"人心指与物欲相联系之心，道心为与社会道德规范相符合之心。宋儒将人心与道心关系的讨论引向深入，认为人本身具有人心与道心。道心为理，源于性命之正，即纲常名教；而人心为欲，生于形气之和。道心应支配人心，人心必须遵从道心。

阳明则认为心即理，人心之外并非另有一个道心，道心人心只是一物，因为道、天、人、心、物从来都是一体。这就好像人的内心，虽然有恶的一方面，也有善的一面，但善恶其实只是一物。

既然得其正之心为道心，失其正者为人心。有了私欲，人本有的道心就成了人心了，也就是染心。人心是"杂于人伪"，即受到环境习气染着的，我们只要"致良知""明本心"，便可以发现并守住"道心"。生活中我们经常说"心诚则灵"，又说"精诚所至，金石为开"，其实就是表明心无往不利的威力。

原文

心一也，未杂于人谓之道心，杂以人谓之人心。人心之得其正者即道心，道心之失其正者即人心，初非有二心也。

——《传习录·徐爱录》(一〇)

今译

心亦一个心。没有夹杂人为因素的称道心，夹杂人为因素的称人心。人心若能守正即为道心，道心无能守正即为人心，非人生来就有两颗心。

悔悟固然可贵，改后不必执着

一个人对过错生起悔悟之心是好的，但更可贵的是以悔悟为基础来改正错误。在改错之后，就不要想那么多了，更不能一味对已经发生的事情懊悔不已，否则就是钻牛角尖，在已往的过错之上，更增加一重不必要的执着。

“草有妨碍，理亦宜去，去之而已。偶未即去，亦不累心。若着了一分意思，即心体便有贻累，便有许多动气处。”

我们平时对错误的态度，也应和除草时一样，要有一种圆活的心态，即使偶然做错了某些事，也要保持镇静，不必过于留滞于悔恨中，这样才不会变成心灵的累赘，不让情绪扰乱接下来的事情。

如果用一句话总结，就是放下而不放过。放下与放过的分别何在？放过就是不能直面错误，而是采取回避搁置的态度，造成错误的心理和行为因素不过是暂时潜伏起来，一等机缘成熟，还会出来。而放下则是直面错误，悔悟改正之后再无牵挂。

对此，阳明曾经有一个很形象的比喻说法。阳明的门生南大吉在任上时，能时时反省自己，颇有“自悔之真”。他经常对阳明密集地一件一件地列举自己的过错，并且说：“身体和行动上的过错可以劝人努力，但心上的过错怎么办呢？”

阳明说：“以前镜子没有擦干净，可以藏纳污垢，现在镜子已经明亮干净了，一粒灰尘落在上面，也站不住脚，这正是你成为圣人的机会，努力吧！”

只要通过格物致知的实践工夫，将各种蒙蔽心体的闲思杂念一概拂去，让源于良知的本能智慧显露出来，那么在应事接物的时候，自然就能心定神明，洞察到事物的本质规律，顺势而行，事半而功倍。

原文

侃多悔。先生曰："悔悟是去病之药，然以改之为贵。若留滞于中，则又因药发病。"

——《传习录·薛侃录》(一〇六)

今译

薛侃经常悔悟反省。先生说："悔悟是去病良药，贵在改正。如果把悔恨留在心里，那又是因药而生病了。"

用戒惧守卫念头，避免流入恶念

正德八年(1513)，四十三岁的阳明在《与黄宗贤》函中，指出立诚为“心髓入微”工夫，并形容它是杀人之际用力于咽喉的东西。诚则自然笃实光明，即使有私欲萌动，也会如烘炉点雪，一举而化。这时的阳明，讲立诚是为了说明诚意诚身的重要，并以此为教学之头脑。

人只要是在清醒的状态，心中就会持续不断产生意念。人的这种心体状态，很像那些流淌不息的河流，前念刚灭，后念又生，心中断然不会有什么真空期。很多人尝试过，从没有做到过心中无念，即便是我想要把自己的心清空，此时我也会觉察到心中的念头，正是“我要把心清空”的这个念。

“戒惧”就是在心中念头升腾之时，上前去帮持一把的那个工夫，它虽然也可以被称之为念，但是它更像是担任“念”中的守卫者。日本学者佐藤一斋针对《答陆原静书》中所说“能戒慎恐惧，则良知也”一句，指出：“加一个‘能’字，便可知本体工夫合一也。”

原文

曰:“不论善念恶念,更无虚假,则独知之地,更无无念时邪?”

曰:“戒惧亦是念。自朝至暮,自少至老,若要无念,即是己不知,此除是昏睡,除是槁木死灰。”

——《传习录·薛侃录》(一二〇)

今译

正之说:“无论善念恶念,毫无虚假,那么,自己独处时就没有无所思虑的时候了吗?”

先生说:“戒惧也是意念。戒惧的意念从来不会间断,如果戒惧的意念稍有放松,人不是昏聩糊涂,就是被恶念侵袭。从早到晚,从小到老,如果没有意念,那就是自己没有知觉,这种情形,如果不是昏睡,就是形如槁木、心如死灰了。”

诚意是学问头脑，也需要格致工夫

阳明常用如好好色、如恶恶臭来指点知行的本体，可见知行本体便只是一个诚意之极。知行自见合一，便是真能远恶的良知。如果体会到了这一点，后世伪良知的出现也就能避免了。

《大学》以明德、亲民、止于至善为纲领，而以格物、致知、诚意、正心、修身、齐家、治国、平天下为八条目，阳明则把这些作为浑然一体的工夫，而极力排斥使工夫支离的观点，并把诚意作为《大学》三纲领八条目的头脑。

阳明反对朱熹以格致为先、诚意为后的解释，别立《古本大学》，并在《古本大学序》中提出，诚意之功在格物，诚意之极是止至善，止至善之极则是致知，正心是复于诚意之体的工夫，而修身则是它的运用，明德亲民及《中庸》所谓的位育，都是在人我和万物上的诚意之用。

《中庸》第二十五章中说："诚者，自诚也；而道，自道也。诚者，物之终始；不诚无物，是故君子诚之为贵。诚者，非自成己而已也，所以成物也。"

不过，虽然说诚意是学问的头脑，也仍然需要格致的工夫，只不过是以两者相即而以其头脑为诚意罢了。所以，若不努力于诚意而徒以格物致知为事，那就成了"支"；反之，若不以格物为事而只努力于诚意，那就成了"虚"；不本于致知而仅以格物诚意为务，那就成了"妄"。阳明说，支、虚、妄三种倾向，对至善的偏离是远之又远的。(《大学古本序》)

原文

志道问："荀子云'养心莫善于诚'，先儒非之，何也？"

先生曰："此亦未可便以为非。诚字有以工夫说者。诚是心之本体，求复其本体，便是思诚的工夫。明道说'以诚敬存之'，亦是此意。《大学》：'欲正其心，先诚其意。'荀子之言固多病，然不可一例吹毛求疵。大凡看人言语，若先有个意见，便有过当处。'为富不仁'之言，孟子有取于阳虎，此便见圣贤大公之心。"

——《传习录·薛侃录》(一二一)

今译

志道问："荀子说'养心莫善于诚'，程子则不以为然，这是为什么呢？"

先生说："这句话也不能认为它不对。'诚'有从工夫上说的。诚为心之本体，要恢复心的本体，就是思诚的工夫。程颢说的'以诚敬存之'，正是这个意思。《大学》中也说：'欲正其心，先诚其意。'荀子的话固然毛病不少，但也不能一味吹毛求疵。大致上说，对别人的话进行点评，首先就存在看法，自然会有不公正之处。比如，'为富不仁'，是孟子引用阳虎的话，由此可见圣人的大公之心。"

格物是诚意工夫，明善是诚身工夫

针对格物致知的工夫，阳明提出了“无事时存善”和“有事时省察”两种方法。“无事时存善”实际上指的是“反身以诚”的本体印证工夫，是“防于未萌之先”的内求本心的工夫，主要目的是用加强内心修养的方法去体认自然和良知；所谓“有事时省察”，则是企图通过“声色货利”这些日常事务，去“实地用功”体认良知，是强调在为人处世的一切领域自然而然地按照良知的要求去行事。

天下万理都是诚意的发露，那是比树的根系更能生长枝叶的东西。《大学》的格物致知，实在是培养灌溉树根的工夫，而诚意则是格致之主意。如果舍诚意而专以格物为事，则如同培养灌溉而不植根一样，徒耗精力而一事无成。（《书王天宇卷》）

黄宗羲在《明儒学案》中介绍了阳明学道的历程，第一阶段即默坐澄心。阳明龙场悟道即是由静坐而成。据钱德洪讲，他开始进入王门时不得要领，向师兄们讨教后，在一座庙里练习静坐，果然开悟了。王门教法有三悟，证悟、解悟、彻悟。钱氏所讲，是初悟，由澄心而良知复活。

阳明主张通过“静坐思虑”，在无事时将各种私欲逐渐地克服掉，使心恢复到如水如镜、本体明净的程度。他对此作过解释，不是要大家坐禅，而是“求放心”，即排除杂念。可见，省察克治的修身工夫，是围绕立诚而做，所以诚身之学可谓“百世以俟圣人而不惑者”。

原文

爱因旧说汩没，始闻先生之教，实是骇愕不定，无人头处。其后闻之既久，渐知反身实践。然后始信先生之学，为孔门嫡传。舍是皆傍蹊小径，断港绝河矣。如说格物是诚意的工夫，明善是诚身的工夫，穷理是尽性的工夫，道问学是尊德性的工夫，博文是约礼的工夫，惟精是惟一的工夫。诸如此类，始皆落落难合。其后思之既久，不觉手舞足蹈。

——《传习录·薛侃录》(一二九)

今译

徐爱因为受到旧的学说影响，刚闻听先生的教诲，实在诧异，觉得无从下手。听的时间一长，渐渐知道躬身践行，然后方信，先生的学问确是孔门真传。除此之外皆为歪门邪道，异端邪说，先生的观点和主张，比如：格物是诚意的工夫，明善是诚身的工夫，穷理是尽性的工夫，道问学是尊德性的工夫，博文是约礼的工夫，惟精是惟一的工夫，诸如此类，我开始怎么也想不通，经过长时间的琢磨思考，不知不觉心领神会而手舞足蹈起来。

格物转向正心，惟求能得其心

《大学》是秦汉之际《礼记》中的一篇。宋人把它从《礼记》中抽出，与《论语》《孟子》《中庸》并列为“四书”，因而它不可避免地带有宋时“心”学的痕迹。

阳明将心学推向极端并形成完备的思想体系，从心学的角度深刻地挖掘并极大地发挥了《大学》的心学思想，将“格物”与“正心”统为一体，他说：德有本而学有要，不于其本而泛焉以从事，高之而虚无，卑之而支离，终亦流荡失宗，劳而无得矣。是故君子之学，惟求得其心，虽至于位天地、育万物，未有出于吾心之外也。

这说明，阳明关注的重点已从以前的“格物”境界转入“正心”。事物之理不在自己的心外。心的本体就是性，性就是理。到心外去探求事物之理，就没有事物之理了；舍弃对事物的求索，而求理于自己的心，自己的心又有何物不能包容呢？

原文

君子之学惟求得其心，虽至于位天地、育万物，未有出于吾心者也。

——《紫阳书院集序》

今译

君子之学，只求心有所得。即使是从天地秩序、万物繁育的角度看，也都没有什么不是出于我们的心。

意念发起之时，进行省察克治

心体虽是寂然不动的，但人心之发用，感而遂通。心与外物相接，必有意念产生，意念即有正与不正之分。这也就是所谓："未发寂然之体，未尝离家国天下之感，而别有一物在其中，即家国天下之感之中而未发寂然者在焉。"（钱德洪）

阳明四句教中有所谓"有善有恶意之动"，是指意念的发用上可以为善，也可以为不善。"恶"之从何而来？阳明认为主要有三个方面：一是心体被遮蔽而有恶："恶人之心，失其本体。"二是心之本体失却中庸之道，心体有所偏倚，便会产生恶。三是后天习气之染着。

人遇事即动气，动气即生起意念，意念一生即是"躯壳起念"，即有好恶，好恶心生则有恶。事物本无善恶之分，善恶来源于意念生起时的好恶。因此，我们想要正心，必须就意念发动时加以省察，为善去恶。

原文

盖心之本体本无不正，自其意念发动，而后有不正。故欲正其心者，必就其意念之所发而正之。凡其一念而善也，好之真如好好色，发一念而恶也，恶之真如恶恶臭，则意无不诚，而心可正矣。然意之所发，有善有恶，不有以明其善恶之分，亦将真妄错杂，虽欲诚之，不可得而诚矣。故欲诚其意者，必在于致知焉。

——《大学问》

今译

心的本体本来没有不正，但是意念产生之后，却有了不正的成分，所以凡是希望正心的人，必须在意念产生时去加以校正，若是产生一个善念，就像喜爱美色那样去真正喜欢它，若是产生一个恶念，就像厌恶极臭的东西那样去真正讨厌它，这样意念就没有不诚正的，而心也就可以得正了。然而意念一经发动、产生，有的是善的，有的是恶的，若不及时明白区分它的善恶，就会将真假对错混淆起来，这样的话，虽然想使意念变得真实无妄，实际上也是不可能使它变为真实无妄的。所以想使意念变得纯正的人，必须在致知上下工夫。

第三章

任何学习
都要落实于身心

只管栽培灌溉，不要悬想花叶

立志向学，但是却总感觉没有进步，怎么办呢？

正如阳明在《示弟立志说》中所说的那样，立志是培养灌溉根本而使之发幼芽、生枝叶、结花果的本原工夫。树开始生根发芽时，并没有树干；等有了树干，还没有枝节；有了枝节，然后才有树叶；有了树叶，然后才有花果。刚种植时，只管栽培浇灌，不要想枝叶花果，因为空想也没有什么益处。只要不忘栽培浇溉的工夫，又何愁没有枝叶和花果？而此志不立，就如同树木无根，而无生意之发端。

我们一般情况下做事总有一个实用的目的，希望事情能够成功而不是失败，能获得某些功效和利益而不导致损失。但是阳明教我们只是做应该做的，而不要计较利害得失。如同孟子所说的“有事”“勿助长”那样，若不断地、执着地追求光景之效验，就会产生助长外驰的弊端。孟子说过：“流水这东西啊，不灌满坑洼就不前进；道德高尚的人立志学习道义啊，不积累深厚而至素养见于仪表，就不能通达圣道。”

孟子以水流作比喻，与阳明“栽培灌溉”的比喻一样，我们进德修业，也必须循序渐进、渐积而前。求充实则自能通达，而不是相反。

原文

又曰："立志用功，如种树然。方其根芽，犹未有干；及其有干，尚未有枝。枝而后叶，叶而后花、实。初种根时，只管栽培灌溉，勿作枝想，勿作叶想，勿作花想，勿作实想。悬想何益？但不忘栽培之功，怕没有枝叶花实？"

——《传习录·陆澄录》(二四)

今译

先生接着说："立志用功，宛若种树。开始生根发芽，没有树干；有了树干，没有枝节；有了枝节，然后有树叶；有了树叶，然后有花果。刚种植时，只顾栽培浇灌，不要想枝，不要想叶，不要想花，不要想果。空想有何益？只要不忘记栽培浇溉的工夫，何愁没有枝叶和花果？"

言行以收敛为主，发散是不得已

收敛和发散，在阳明身上是圆融为一的：一面提撕警觉、精神凝聚；一面事上磨炼，做到深切著明。阳明早年曾经提倡学者静坐，以收敛为主，发散是不得已，但用他自己的话来说，这是“补小学一段收放心的工夫”，并用程明道两句话解说：才学便须知有用力处，既学便须知有得力处。

下面的这个小故事，可以对我们理解阳明的收敛发散观有所帮助。一天，他和学生们正好在一个池塘、一口井旁边讲论，他指着池塘和井说：“与其为数顷无源之塘水，不若为数尺有源之井水，生意不穷。”

但自阳明专提“致良知”话头，不复教人静坐收敛。为什么会如此呢？阳明弟子王龙溪对此有一段精确的概括：“人的良知天性就是心性未发时的‘中’，良知之前，便再没有心性未发；良知天性就是心性感发时的中节合度，良知天性之后，也再没有什么已发。良知天性自身就能发散，不必等待所谓的心性感发使用。心性收敛，是感发运用的本体，本身静而能动；感发运用的，是寂然本体的使用，是动而能静的。”

原文

精神、道德、言动，大率收敛为主，发散是不得已。天地人物皆然。

——《传习录·陆澄录》(五四)

今译

精神、道德、言行，常常以收敛为主，向外扩散是出于无奈。天地、人物无不如此。

大道难以言传，必须自修自悟

由颜回对孔子“仰之弥高，钻之弥坚”的赞叹中，我们可以看到道的高深。不过，虽然它十分高深，似乎是高不可及，但是做起来，也不过在人的性情之间、动容之际、饮食起居和交接应酬的琐事中，不过在父子、夫妇、兄弟的关系中，不过在生活中的动静去留和取舍，以至事务的谋划和礼乐文章的讲习中。

学者对于道之内涵的体悟，如鱼饮水，冷暖自知，别人是没有办法观察到的，即使用最准确和最复杂的语言体系也难以表达一二。阳明说：“道无方体，不可执着。欲拘滞于文义上求道，远矣。”就是这个意思。

比如说天，人们何尝知道哪个才是真正的天？日、月、风、雷、空气是天？不对！人、物、草、木、大地不是天？也不对。其实道也像天一样，人们把各自所认识的道的某个方面，当作了无所不包的道，以为道仅此而已，所以才会有不同的道。如果且向内心寻道，弄明白自己的心与体，那么无时无处不是道。心就是道，要真想认识道，就必须从自己的心上体会，并非是借助外物去探求。

原文

问："'颜子没而圣学亡'，此语不能无疑。"

先生曰："见圣道之全者惟颜子。观喟然一叹可见。其谓'夫子循循然善诱人，博我以文，约我以礼，是见破后如此说。博文、约礼如何是善诱人？学者须思之。道之全体，圣人亦难以语人，须是学者自修自悟。"

——《传习录·陆澄录》(七七)

今译

有人问："先生，您认为'颜子没而圣学亡'，这句话似乎存在问题。"

先生说："众弟子中只有颜回窥见圣道全貌。从他那喟然一叹中可以看出，他说'夫子循循然善诱人，博我以文，约我以礼'，只有识破了方可作如是说。博文、约礼为什么是善于教导他人呢？做学问的人须仔细考虑。所谓道之全体，圣人也很难告诉世人它的内涵，必须学者自己内心体悟。"

不论境界效验，一心向善改过

正德十年，永康人周莹跟随阳明的弟子应元忠学习，后又不远千里去向阳明请教。他历尽千辛万苦才见到阳明。谁知阳明第一句话就是："你已学有所成，可以回去了。"周莹茫然，阳明问："你自永康而来，里程如何？"周莹回答："有千里之遥。"阳明又问："确实很远。你坐船过来吗？"周莹回答："坐船，接着再走陆路。"阳明说："确实很辛苦。当此六月，你在路上觉得热吗？"周莹回答："沿路特别酷热！"阳明说："确实很艰难。你有准备资粮或带着僮仆吗？"周莹回答："半路上僮仆生病，因此我把他和资粮留下，自己沿路卖画前行。"阳明说："路途如此遥远且辛苦，你何不干脆回去，却非得要过来呢？有谁勉强你来？"周莹回答："能来到夫子的门里，不论如何辛苦，都会觉得很快乐。哪里需要谁来勉强呢？"阳明笑道："这就是我说你已经学有所成的原因。你的志向是希望能来到我面前，因此就来到了，并不需要假于他人。你知道舍弃舟船，从陆路过来，舍弃资粮僮仆，冒着毒暑而来，又是从谁那里得到的办法呢？"

周莹恍然大悟，跳起来敬拜。阳明说："你没有看见过从石头里烧出石灰来吗？只要火力达到充分的程度，烧出的石灰就能见水就化了。现在你回家继续跟着应子学习，来保持你自己的火力。我将储蓄好浇化石灰的水，静待着来日与你再相见。"

阳明曾经说："某于此良知之说，从百死千难中得来，不得已与人一口说尽，只恐学者得之，容易把作一种光景玩弄，不实落用功负此知义。"只有致良知的心真切，才不至于只把它当作一个话头或光景来看。

我们的心不是在奔向未来，就是在留恋过去，唯独很难安住在当下所做的努力上。实际只要一心改过向善，当下努力对我们身心的影响，已经远远超过我们所期待的境界或者效验。

原文

先生问在座之友，此来工夫何似？一友举虚明意思。先生曰："此是说光景。"一友叙今昔异同。先生曰："此是说效验。"二友惘然。请是。先生曰："吾辈今日用功，只是要为善之心真切。此心真切，见善即迁，有过即改，方是真切工夫。如此则人欲日消，天理日明。若只管求光景，说效验，却是助长外驰病痛，不是工夫。"

——《传习录·薛侃录》(九七)

今译

先生问在座的朋友近来的用功与什么相似？一个朋友说是个虚明(虚无明彻)的感觉，先生说这是境界。另一个朋友述说今昔识见的不同，先生说他说的是效果。二人疑惑不解地求教，先生答："我们这些人目下用功，不过是求善的心真切。求善的心真切，遇善则思齐，闻过即改正，这才是最真实的工夫。如此一来，私欲日渐消弭，天理日趋显明。如果只管一味追求境界的提升、效果的显微，却是助长了心向外探求的毛病，就不是真正的格物工夫了。"

独知时用功是谨独，共知处用功是作伪

谨独即孟子所言慎独。一般的理解，独就是一个人独居，讲慎独就是指一个人独居时仍能谨慎自律地要求自己。但是在这里，独的含义却更宽泛，指的是“人所不知而独知之地”，既可以是“闲居”之时，也可以是在和别人共处之时。

所谓的“慎”，其中的关键点是存善去恶。由此，慎独就是对自己所独知的事情应该下的工夫，就是诚意。只要始终对自己真诚无欺，戒慎于其所不睹，恐惧乎其所不闻，那么十目所视、十手所指并不算严，独居独知的要求也并不算松。

阳明说：这种独知的事情就是诚意萌芽的地方。在这个地方无论善念恶念，都没有虚假之处，一是百是，一错百错。在这个地方立定之后，就是端正本体，澄清源头，这就是立诚。

今天也能看见很多公司的价值观中有“忠诚”两个字，大部分人的理解甚至写下这些话的老板们理解，也是员工要忠诚于公司忠诚于老板，那只要换了老板，该员工为了新老板再做什么伤害旧老板的事情，似乎也是合乎道理的了。其实忠诚之关键在于忠诚于自己，忠诚于自己的良心，即是自然和公道。所以，若能在独处时，自己面对自己时，诚意立志，则能“端本清源”，“古人许多诚身的工夫，精神命脉，全体只在此处”。

清代中兴名臣曾国藩在给自己的“课程”中，也要求自己“无不可对人言之事”。这也是立诚的工夫。只有在这个独见之处切实用力，在修心的工夫上才真的可以做到纲举目张。

原文

正之问曰:“戒惧是己所不知时工夫,慎独是己所独知时工夫,此说如何?”

先生曰:“只是一个工夫,无事时固是独知,有事时亦是独知。人若不知于此独知之地用力,只在人所共知处用功,便是作伪,便是‘见君子而后厌然’。”

——《传习录·薛侃录》(一二〇)

今译

正之问:“戒惧是自己不知道时下的工夫,慎独是自己独处时所下的工夫,这样说对吗?”

先生说:“两者只不过是一个工夫,没有事时固然是独知,有事时也是独知。人们如果不知道在独知的地方用功,只在人人都知道的地方用功,就是作假,就是‘见到君子后掩饰自己的罪行’。”

人人心中有仲尼，结合经籍去体悟

经籍是人类知识的库藏。因为有经籍的存在，我们狭小和短促的心才有可能与古圣先贤息息相通，才可能变得宏大悠久。我们也可以说，阅读经籍的过程，就是我们寻求与古人心灵感应的过程。

阳明指出，不但仁义礼智和基本的人伦关系是心之感应，一切经典也莫不可以归于此心。他在《稽山书院尊经阁记》中说："《易》也者，志开心之阴阳消息者也；《书》也者，志吾心之纪纲政事者也；《诗》也者，志吾心之歌咏性情者也；《礼》也者，志吾心之条理节文者也；《乐》也者，志吾心之欣喜和平者也；《春秋》也者，志吾心之诚伪邪正者也。……故六经者，吾心之记籍也，而六经之实则具于吾心。"

阳明这么说，并不是要排斥对经籍的学习和理性的思考，而是主张在理性思考的基础上去躬行实践，求得在身心上的体悟。他反对的是脱离了实践基础茫茫荡荡地去思索，那样学者所得只能是一些"知解"而已。阳明很厌恶当时官方儒学辞章记诵、八股取士的僵化，曾毫不客气地指出：记诵的广博，恰好滋长了他的傲慢；知识的增多，恰好让他去为非作歹；见闻的广泛，恰好使他恣意狡辩；辞意的华丽，恰好掩饰了他的虚伪做作。

阳明先生晚年时，曾经在越城时写过《咏良知四首示诸生》，其中所反映的就是"求学贵得之于心"的思想，其一曰：个个人心有仲尼，自将闻见苦遮迷。而今指与真头面，只是良知更莫疑。

原文

来教谓某《大学》古本之复，以人之为学但当求之于内，而程、朱格物之说不免求之于外，遂去朱子之分章，而削其所补之传。非敢然也。学岂有内外乎？《大学》古本乃孔门相传旧本耳，朱子疑其有所脱误而改正补辑之，在某则谓其本无脱误，悉从其旧而已矣。失在于过信孔子则有之，非故去朱子之分章而削其传也。夫学贵得之心，求之于心而非也，虽其言之出于孔子，不敢以为是也，而况其未及孔子者乎？求之于心而是也，虽其言之出于庸常，不敢以为非也，而况其出于孔子者乎？

——《传习录·答罗整庵少宰书》(一七三)

今译

在来信中，您认为我之所以要恢复《大学》的旧本，主要是由于我认为人的学问仅该在内心探求，而程、朱格物的观点不免要到心外去探求。因而我就删除了朱熹重分章节的做法，削减了他所增补的传。我不敢这样做。学，它怎会有内外之分？《大学》的旧本亦是孔子相传的旧本，朱熹怀疑它有遗漏错误之处而重新加以改正补充，我则认为《大学》旧本并未有遗漏错误之处，就全部根据旧本罢了。我或许有过分信任孔子的过失，并非有意否决朱熹重分章节的做法，并删削他增补的传。学问最贵在心中有所获得。我心中认为是错误的，即便是孔子的言论，我也不敢说它是正确的，何况那些比不上孔子的人？我在心里认为是正确的，即便是平常人的言论，我也不敢认为是错误的，何况还是孔子呢？

道乃天下公器，只须服从真理

阳明此处所说，实际是对宋朝以来“文章为天下之公器”的一种表达。他是这么说的，也是这么做的。

对朱熹的“格物致知”之说，阳明原本是虔诚追慕学习的。他二十一岁时随侍父亲在京师，一度读遍了所能找到的朱熹著作，并曾经因为一句“一草一木，皆涵至理”，而天天对着竹子冥想默念，直至病倒。他二十七岁之时，自以为从朱子学说中渐有所得，却又因感到“物理吾心终若判而为二”，再度大病一场。

而等到他龙场悟道，却即刻摆脱了朱熹，而自成一家。像阳明那样地执着于信仰的追求，以生命之力去感悟学理，不杂私欲，学问唯由心田流出，那才是“学术乃天下公器”义谛之所在。今日社会所缺乏的，就是这种人人须服从真理、真理面前人人平等的学术风气。

原文

夫道,天下之公道也,学,天下之公学也,非朱子可得而私也,非孔子可得而私也。

——《传习录·答罗整庵少宰书》(一七六)

今译

道是天下的公道,学是天下的公学,不是朱熹先生一人可得而私有,也不是孔夫子一人可得而私有,乃是天下的道学,公开的言论而已。

学问充实自己，工夫重于效验

“学问乃为己之学”，源于孔子以来儒家的精英意识，即所谓“君子求诸己，小人求诸人”。“学问为己”的一层意思，学是为了充实和完善自己，做一个有修养有品质的人。

为学是因，效验是果。但两者之间并不会立竿见影地同时出现。我们在努力修学致良知的过程中，如果某一时刻状态好，并不代表前一时刻工夫下得多，某一时刻状态差，也不代表用功少。重工夫不问效验，重耕耘不问收获，其实也正是佛家所谓的“因上努力，果上随缘”。如果对效验孜孜以求，不仅容易失去修学的信心，也容易因自己的执着而走入歧途。

心学是简易直捷，但是这种简易直捷并不是粗疏率然，而是需要深刻体悟和扎实努力。不仅要抛开训诂，甚至要抛开思维上的梳理排列，直透大义，反向自心，才有可能豁然开朗。

有怨或者无怨，并不是真正的重点，真正的重点在于“克己”。克己，就是克制自己的私欲和杂念，严整自身的状态举止，检点自己的言辞语句。“克己”做到了，“怨”也自然消失了，“致良知”，就是先从“克己”处入手狠下工夫的修养方法。

在这个过程中，只有重工夫不重效验，只专注自身实际的下了多少工夫，我们才能真正找到自己的心安之地，不因偶有进境而欢喜，也不因一时没有体验到某种境界而烦恼。

原文

问："'一日克己复礼，天下归仁'，朱子作效验说，如何？"

先生曰："圣贤只是为己之学，重工夫不重效验。仁者以万物为体。不能一体，保己是私未忘。全得仁体，则天下皆归于吾仁，就是'八荒皆在我闼'意。天下皆与，其仁亦在其中。如'在邦无怨，在家无怨'，亦只是自家不怨。如'不怨天，不尤人'之意。然家邦无怨，于我亦在其中。但所重不在此。"

——《传习录·黄省曾录》(二四八)

今译

有人问："在《论语》中，孔子说了'一日克己复礼，天下归仁'这句话，朱熹主张是就效验而言的，不知是否正确？"

先生说："圣人只是一个克己之学说，只重视工夫而轻视效验。仁者与万物为一体。不能与万物一体，只因没有忘掉私欲。我若能获得全部的仁，那么，天下都将归于我的仁中，也就是'八荒皆在我闼'的意思。天下都能做到仁，我的仁也在其中了。比如'在邦无怨，在家无怨'，仅是自己没有怨恨。与'不怨天，不尤人'的意思相近。但是，家邦皆无怨，我也就在其中了。然而，这并不是该重视的地方。"

倘若被人厌恶，寻找自身缺点

明人笔记记载，阳明有一天带领着一班学生到外地去讲学。当他们路经一个村落时，突然听到村里有两个女人吵架。只听见其中的一个村妇对另一个高声骂道："你伤天害理，你不讲天理。"

另一个则反唇相讥："我不讲天理？是你没良心。"

阳明笑着招呼学生们说："你们赶快都过来听听，这两个女人正在讲道呢。"

学生对老师的话感到疑惑不解，便说："这两个女人明明是在相互谩骂，老师您怎么能说她们是在讲道呢？"

阳明慢条斯理地说："这两个女人，一个在讲天理，一个在说良心，不是讲道又是什么？"

阳明看学生有些糊涂了，于是解释说："如果能够用天理良心来衡量自己的一言一行，约束自己的心性欲望，就是讲道，而且是大道，反之，便是相互攻讦谩骂。"

在生活中，也经常有不少朋友抱怨别人对他们不好。而如果仔细问他原因，答案要么是嫉妒，要么就是冷酷或者拉帮结派。其实，这种抱怨恰恰反映了他们从来没有从自身找过原因。阳明提示要寻找自身的缺点，用良知来要求自己而不是别人，其实就是要求用"行有不得，反求诸己"的心态，来面对和改善一切不和谐的关系。

原文

夫可欲之谓善，人之秉彝，好是懿德，故凡见恶于人者，必其在己有未善也。

——《书王嘉秀请益卷(甲戌)》

今译

只要是值得追求的都可称之为善，人们按照法则，都是喜欢好的美德。所以，举凡不被人喜欢者，一定是自己有什么地方还不完善。

学习不为功利，只要有益身心

关于如何读书，朱熹在《读书之要》中指出的读书方法是："字求甚训，句索其旨，未得乎前，则不敢求其后，未通乎此，则不敢志乎彼，如是循序而渐进焉。"

阳明并不忽视制度文物的学习，而且很强调知识闻见的必要性。但他始终认为，读书学习的真正目标，是理想人格的培养。

人的气质禀赋上有所不同，但都具备同样的道德本性，只不过由于明察完备与否而产生了差别。所以人们在知识方面尽管有"生而知之"和"困而知之"之别，但都可能成就理想人格。因此，学问并不是满足人们功利欲望的手段，而是必须以彻头彻尾的理想人格的形成为目的。这也就是阳明所强调的，读书不是"为人"，而要归在自己身心上。这也就是儒家尽性知命的学问。

但他同时又辩证地指出，学问和举业是可以两立的，不应以举业为非，而应以使之夺志的不真切之学为非："举业不患妨功，惟患夺志。"

原文

学者读书，只要归在自己身心上。若泥文着句，拘拘解释，定要求个执定道理，恐多不通。盖古人之言，惟示人以所向往而已。若于所示之向往，尚有未明，只归在良知上体会方得。

——《传习录拾遗》

今译

修学的人读书，最终要指向自己身心的改变。如果拘泥于文字，循规蹈矩地解释，一定要得到一成不变的道理，只恐怕大多是读不通的。古人所讲的话，只是指引后人一个努力的方向而已。如果对于所指示的方向还不清楚，那就要用良知切身地体会才行。

第四章

让生命

操起志向之舵

破山中贼易，破心中贼难

本句出自明正德十三年(1518)正月，阳明在出兵剿灭广西浰源地区民变之前，写给弟子的信。

对于“山中贼”的解释，历来观点不一。有人认为是指私欲，有人认为是指民众的反叛思想。私欲和反叛思想诚然可以称为“心中贼”，不过阳明此处所指，应当是更深、更隐蔽的心习。无论是理学还是心学，核心都在于研究如何把俗心改造成为圣心。宋代大程子程颢曾经举例说：“人言语紧急，莫是气不定否？此亦当习，习到自然缓时，便显气质变也。”

美国哲学家爱默生说过一句与此相映成趣的话：身外障碍事小，心中障碍事大。现代科学证明，即使是再小的一个生活习气，要改掉也至少需要三周(二十一天)，更何况我们自幼养成的观察世界处理问题的习性？人的习性深厚而且根深蒂固，即使是修养提高之后，也必须下磨炼的苦功，把为人做事的习性慢慢改进。

若干年来，认定阳明是镇压农民起义的刽子手。但事实并非如此。考察一下明代的一些民变，就会发现这些队伍成分特别复杂，有大量流民惯盗混迹其中，啸聚山林，打家劫舍，已成为破坏地方的大害。而且，阳明对民变队伍也并非采取斩尽杀绝的办法，而是先抚后剿，只杀了极少数为首的顽抗者。所以，对阳明和“山中贼”都应更辩证地看待。

阳明以文官掌兵符，集文韬武略于一身，在“破山中贼”时用兵如神，战无不胜。究其力量来源，应首推其在龙场悟道以后仍然时刻在做的致良知工夫。我们说的良知，并非纯指了解和把握世界的那种外在的科学知识，而是一种体现人生命力量的意志状态。所谓胜人者力，自胜者强，击败别人的力量永远来自你的内心。

原文

即日已抵龙南，明日入巢，四路兵皆已如期并进，贼有必破之势。某向在横水，尝寄书（杨）仕德（即杨骥）云：‘破山中贼易，破心中贼难。’区区翦除鼠窃，何足为异。若诸贤扫荡心腹之寇，以收廓清之功，此诚大丈夫不世之伟绩。

——《与杨仕德薛尚谦书》

今译

今天已经抵达龙南，明日即将开进贼寇巢穴，四路兵马都已经按原定期限到达，贼寇必破的态势已然呈现。我在横水的时候，曾经寄信给仕德说："打败山中的贼寇容易，打败心中的贼寇（私欲）却是很困难的。"我这次领军翦除剿灭区区匪寇，哪里有什么特别之处？如果诸位贤人君子能扫荡平定心中的贼寇，以收到心中澄清且平稳安定的工夫，这才真正是大丈夫应做的不世功绩。

人若不立志，有如船无舵

阳明以致良知为学问的大头脑，曾在《寄邹谦之四》中，把作为个体道德生命的良知比喻为舟之舵，认为操纵起这把舵，就能在惊涛骇浪中免于倾覆。

但同时，他又要求以立志、立诚（诚意、诚身）为头脑，因为立志是良知的最初释放。阳明说："大抵吾人为学，紧要大头脑只是立志。"（《答周道通》）

关于如何立志，阳明做了一个非常精当的比喻。他说立志用功，就像种树一样。当从根上长出芽来的时候，还没有干，当有干的时候还没有枝，先有枝然后才有叶，先有叶然后才有花实。当你开始种根时，你只管栽培灌溉，不要去想枝，不要去想叶，不要去想花，不要去想果实。悬空去想有什么好处呢？只要不忘记栽培灌溉，还怕没有枝叶果实吗？

这个比喻，形象地告诉了我们应如何立志和实现志向。

你立志要做一个将军，你要想的不是如何造将军府，如何拥有香车美人，要想如何运用战略战术来保家卫国。再比如你立志成为一位学者，你就不能挖空心思想着如何用光项目经费，而要想如何突破前人获得创新，以有益于社会国家。

原文

志不立，如无舵之舟，无衔之马。漂荡奔逸，终亦何所底乎？

——《教条示龙场诸生》

今译

一个人如果没有确定的志向，就会像船没有了舵，马没有了嚼子，到处飘荡奔跑，到底是为了什么呢？

人格修养如树，诚孝的心是根

阳明一度出入于佛老二氏之学，当他悟其非而开始转向儒学，已是在弘治十五年(1502)三十一岁时。

当时，他在越之阳明洞养病，虽然总想要尽量远离俗世，但是终究未能断绝亲情之念。这时，他忽然领悟到，如果像佛老那样断绝尘念，那就会断灭种性，于是他便转向了儒教。(《阳明年谱》)

据记载，一五〇二年，阳明在安徽审查刑事案件，结束北返后，肺病又犯，转年乃移居杭州西湖边养病，此间往来南屏、虎跑等地的寺院之中参访。他曾遇一个僧人坐禅三年，不开口也不睁眼。阳明用禅宗棒喝的方式断喝道："这和尚终日口巴巴说什么！终日眼睁睁看什么！"

僧人大惊，睁开眼睛与阳明对话。阳明询问他家中情况，僧人说："有母亲在。"阳明问："你想念她吗？"僧人回答："没法不想念。"阳明于是把孝亲是人本性的道理告诉他，僧人流泪致谢，第二天便还俗回家探望母亲了。

阳明本人向儒教的转变，据说是以孝之念为动机的。他被佞臣陷害，祸患难测时，只以父亲为念："以一身蒙谤，死即死耳，如老亲何？"他曾引《礼记》的话对弟子说："孝子之有深爱者，必有和气。有和气者，必有愉色。有愉色者，必有婉容。"就是必须要有个深爱父母的心来做根，就会自然地达到平和孝顺的境界。

原文

譬之树木，这诚孝的心便是根，许多条件便是枝叶。须先有根，然后有枝叶。不是先寻了枝叶，然后去种根。

——《传习录·徐爱录》(三)

今译

拿一棵树来说，树根就是那颗诚恳孝敬的心，枝叶就是尽孝的许多细节。树，它必须先有根，尔后才有枝叶。并非先找了枝叶，然后再去种根。

去除私欲遮蔽，成就完美人格

阳明所说的立志，就是立成圣之志。只有以此为志，才是真正的立志。天理就是自然，就是心没有妄想和私欲遮蔽时的清净状态。存天理的工夫，就是去除私欲之蔽的工夫。无论在“静”时，还是“动”时，都要念念不忘去除私欲的遮蔽。心不离天理自然，其志大、其心旷，其意坚，其愿必成。

立志成就完美人格，离不开对自然的回归，但它又不仅仅意味着对“必为圣人之志”的选择，同时也是切实的践履工夫，必须不间断地做消除私欲的工夫，所以说又必须立志存养，扩充念念为善之心，从而到达广大高明、美大圣神之域。(《示弟立志说》)

养心之功是立志的关键所在，实际上是引导我们在为学践履的过程中进行视角的转换，把每一具体的行为都置于“念念存此天理”的整体视域之下，这一终极目标之下所凸显的意义，取代了每一行为所直接指向的意义。正如阳明说的：“只存得此心常见在便是学。过去未来事，思之何益？徒放心耳。”这样一转换，我们的每一个行为才能够被看作是实践工夫。

阳明曾经带兵平乱剿匪，他一方面讲尽心、讲个人的修养；另一方面，又要指挥军队不断杀人。在明代中期，匪乱是严重的社会问题，因而平乱也成为阳明的一种社会责任。

在戎马生涯中，也一直有一批学生跟着他。有一次他说，其实诸君对我有很大启发。他解释道，我每次在战争中不管做了什么决策，总会问自己，到底我回来面对诸君时是不是能感到心安？

由此可见，阳明对于自己的每一刻细微的思想活动，都有深刻反思。他的内心修为和济世是一体的，既要有深层的体内感悟，又决不会忘怀身在世事之中。

原文

问立志。

先生曰："只念念要存天理，即是立志。能不忘乎此，久则自然心中凝聚，犹道家所谓'结圣胎'也。此天理之念常存，驯至于美大圣神，亦只从此一念存养扩充去耳。"

"日间工夫觉纷扰，则静坐。觉懒看书，则且看书。是亦因病而药。"

——《传习录·陆澄录》(一六)

今译

陆澄问怎样立志。

先生说："所谓立志，就是念念不忘存天理。若时刻不忘存天理，日子一久，心自然会在天理上凝聚，这就像道家所说的'结圣胎'。天理意念常存，能慢慢达到孟子讲的美、大、圣、神境界，并且也只能从这一意念存养扩充延伸。"

"如果白天做工夫觉得烦躁不安，那么就静坐。如果不想看书，就必须去看书。这也是对症下药，也是一种方法。"

向下扎实用功，向上体达天道

“上达”是与“下学”相对的，下学，指学习人情事理，上达，则指认识有关天地自然的形而上法则。两者都出自《论语》：“不怨天，不尤人。下学而上达，知我者其天乎！”

修学就像栽培一棵树，灌溉培育可以视为下学，树木昼夜生长，枝繁叶茂就是上达。由下学到上达，是一个有次第的过程。道可道，非常道，只有从最基本的地方扎实用功，才可能体会到“道”。这才是“上达”的工夫。这种观点，其实与读“无字书”的观念相近。

我们诵读智者的诗书，其实不如听一听他们在生活中说出的话收获大；听他们闲说话，不如探究一下他们这么说的因由；探求智者说话的因由，又不如体悟他们没有说出来的东西得到的启示多。因为只有那些没有或者无法说出来的，才是永恒的道。

这种观念，不是对读书的否定，而是揭示出体认大道工夫的艰难、严谨与细密，是要求我们更加从最基本的地方扎扎实实地用功。

原文

问上达工夫。

先生曰："故凡可用功，可告语者，皆下学。上达只在下学里。凡圣人所说，虽极精微，俱是下学。学者只从下学里用功，自然上达去，不必别寻个上达的工夫。"

——《传习录·陆澄录》(二四)

今译

先生说："人怎能在上达方面加以干预呢？因此，只要是可以下工夫，可以言说的，都是下学。上达包含在下学里。大凡圣人之说，虽精细入微，也都为下学。学者只需从下学上用功，自然可以上达，不必另寻求得上达的途径。"

为学须先立志，渐渐水到渠成

对于人修养学问的增长，阳明以婴儿的成长来比喻。孩子在母腹中时，并没有什么知识，直到脱离母体才能啼哭，尔后才会笑，后来又能认识父母兄弟，逐渐能站、能走、能拿、能背，最后天下的事无所不能。这都是他精神日益充足、精力日益强壮、智慧日益增长的结果，而并非从母体一分娩出来就能得到。

孟子说："泉水从源头滚滚涌出，日夜不停地流淌，注满洼坑后继续前进，最后流入大海。有本源的事物都是这样，孔子就取它这一点罢了。如果没有本源，像七八月间的雨水那样，下得很集中，大小沟渠都积满了水，但它们的干涸却只要很短的时间。"(《孟子·离娄下》)

阳明指出，孟子所谓"本源"，即是立志。(《寄闻人邦英邦正三》)泉水的比喻，与婴孩成长一样，都说明进德修业必须循序渐进，水到渠成；先求充实完善自我，然后才能通达。这才是最实际的成功学。

原文

问："知识不长进，如何？"

先生曰："为学须有本原，须从本原用力，渐渐'盈科而进'。仙家说婴儿，亦善譬。"

——《传习录·陆澄录》(三〇)

今译

陆澄问："知识不见长进，如何是好？"

先生说："为学必须有个根本，要从根本上下苦工夫，循序渐进。仙家用婴儿作比，不失为一个好方法。"

持志要如心痛，避免杂念掺杂

持志如同心痛，意思是教我们念念不忘所立的志向，而不要一曝十寒。《朱子治家格言》中有这样一句话："无志者常立志，有志者立志常。"立志以后是持志，或者说是"立志常"，坚持不懈、持之以恒之类的话我们经常说，但能做到的人实在有限，究其原因，无非两点：一是持志的过程太苦；二是名利的诱惑太强。

王阳明从小就立志做圣贤，十一二岁在京师念书时问塾师："何谓第一等事？"老师说："只有读书获取科举名第。"

阳明当时说："第一等事恐怕不是读书登第，应该是读书学做圣贤。"之后，他就走上了学做圣贤的艰辛之路，经过自己的艰苦卓绝的努力，最终达到了儒家立言、立功、立德的圣贤境界，成为儒学之集大成者。

阳明认为，君子之学，以随时随地持志为事，所以不能认为立志是安易之事。（《示弟立志说》）人如果不能立志，只是不着边际地去做事去思考，就会有毁誉、得失等各种杂念掺入其中，就会看不到事物的本质，得不到好的结果。

原文

先生说："持志如心痛，一心在痛上，岂有工夫说闲话，管闲事？"

——《传习录·薛侃录》（九五）

今译

先生说："持守志向犹如心痛，疼痛时只在心上，哪里有时间讲闲话、管闲事呢？"

做人好比炼金，成色最为关键

人之所以能成就完美的人格，并不由于先天才力有多高。即使是资质平平的普通人，只要愿意下工夫学习，使心中变得自然而清净，也可以如冉牛、闵子和颜渊一样，成就一种“具体而微”的完美人格。

这是一种起码的圣贤人格。这样的人，与古往今来那些成就一番大事业的圣人相比，就像一两金与万吨金的关系，斤两上虽然相差很远，但在成色上却毫不逊色。

孟子说“人皆可以为尧舜”，就是从金子成色的角度说明了这一点。这种圣人的“降格”，同时也意味着凡人的“升级”。然而，无论是孟子还是阳明，重点都不是要拉近常人与圣人之间的距离，而是要让我们保持“警醒”，在成色上用功，而不要在分量上纠结。

但是现代人往往会错了意，一味用力做事，忽略用德做人。他们一看见别人事业有成，就一心想通过增加自己的财富和影响来赶超。这就好比不肯在成色上锻炼自己的金子，却一心妄想在分量上赶超别人，结果把锡、铅、铜、铁都夹杂进去，分量虽然增加了，但是成色却越来越低劣，到最后，甚至不能再称其为金子了。

原文

圣人之所以为圣，只是其心纯乎天理，而无人欲之杂。犹精金之所以为精，但以其成色足而无铜铅之杂也。人到纯乎天理方是圣。金到足色方是精。然圣人之才力，亦有大小不同。犹金之分两有轻重。

——《传习录·薛侃录》(九九)

今译

圣人之所以成就完美人格，只在于其内心纯然充斥着天理而无半点私欲的混杂。这就像千足金之所以为纯金，是因为它成色十足而无铜铅等成分混杂其中。正如黄金到了十足纯正才能被称之为纯金，人只有到了内心全然为天理所充斥，才会成就完美人格。不过，即使同为圣人，智力才学也有大小高低的不同，这就像同是纯金，分量也会有轻重之别。

德性重于才力，摒除功利之心

我们在世间为达到某些实用的功效目的而做事，就必须要有完成这件事的能力和知识。而能力知识是经过后天的学习才能具备的，是人各不同的。但是为提升生命品质所要做的事情则不同，是人人可随时随地去做的。因为提升生命品质的行为，只要是出于本心，纯粹是为所应当为，是为义而作，便已经产生向上的力量和价值，而绝不以事情的成败得失来判断。所以不论任何人，都可以依着本心去做。

阳明与程颐一样，指责功利心和分别心腐蚀着人们的万物一体之心，并对此事痛加评论。他认为，虽然才能的伸展、启发也是学校教育的目的，但如前所述，使人们心体同然，即复归于万物一体之心，才是其根本目的，而知识才能则不能与之相提并论。所以人的价值在于德性，而不是根据身份地位、贵贱贫富、才能高低来判断的。

孔子说："骥不称其力，称其德也。"良马之所以称为骥，并非是因为它能够日行千里，而在于它德性良驯，与骑乘者能够心意协调。所以对千里马，人们称赞的不单是它的气力，日行千里，更是称赞它的品性好，跑得稳，极富耐力，并为主人的安危着想。这里是用比喻的方式，说明那些杰出人物之所以杰出，首先是因为他们的品德。

原文

圣人之才力，亦有大小不同，犹金之分两有轻重。尧、舜犹万镒，文王、孔子犹九千镒，禹、汤、武王犹七八千镒，伯夷、伊尹犹四五千镒。才力不同，而纯乎天理则同，皆可谓之圣人。犹分两虽不同，而足色则同，皆可谓之精金。……故虽凡人，而肯为学，使此心纯乎天理，则亦可为圣人。犹一两之金，比之万镒，分两虽悬绝，而其到足色处，可以无愧。

——《传习录·薛侃录》(九九)

今译

圣人的才力，也有大小之分，有如金的分量有轻重。尧、舜如同万金之镒，文王、孔子如同九千之镒，禹、汤、武王如同七八千之镒，伯夷、伊尹如同四五千之镒。才力各异，纯为天理相同，都可称为圣人。仿佛金的分量不同，而只要在成色上相同，都可称为精金。……因此，平常之人只要肯学，使己心纯为天理，同样可成为圣人。比如一两精金，和万镒之金对比，分量的确相差很远，但就成色足而言，则是毫不逊色。

消除比较分别，人人功德圆满

早在孟子时，已经有“人皆可以为尧舜”的说法，但到了汉儒那里，却开始张扬“圣人异表论”，把圣人之为圣人的“标准”与外在的社会地位、事功乃至仪表联系在一起。

直到宋明儒家那儿，这种外在化取向才明确转为“内在化”。阳明更明确指出，社会身份与地位至多具有“分量”的意义，而不是界定圣人的“本质”性要求。

放眼四周，各种差别无处不在，于是一些人在差别中情不自禁地将自己与别人进行比较。如果别人某个方面超过自己，就会感到失落、痛苦；更有甚者，会因为嫉妒而诋毁那些比自己出色的人。人生于世间，多数烦恼都是由比较而生。

针对这一点，阳明指出，如果只在才能上进行比较，就会蜕变为只考虑功利。如果消除了在才能上相互比较的私心，每个人都尽自己所能，在回归天理自然上面下工夫，就会人人功德圆满。能力大的做出大的成就，能力小的做出小的成就，无不完美纯粹，这才是踏踏实实、明善诚身的事情。

原文

所以谓之圣，只论精一，不论多寡。只要此心纯乎天理处同，便同谓之圣。

——《传习录·薛侃录》(一〇七)

今译

之所以称为圣，只看精一与否，不在数量多少。只要此心同样纯为天理，便同样可称之为圣。

种树必培其根，种德必养其心

在心学中，立志与立诚一样，是拔本塞源、全体浑一的办法。

阳明认为，学者一心为善的志向，犹如树的种子，只要不忘记，不助长，一直栽培下去，自然会日夜生长，生机日益完备，枝叶日益茂盛。树刚长出来时，有了分枝，应该剪掉，然后树干才能长大。初学时也是如此，必须从根本上下手。

那么何为根本，何为枝叶呢？答案就是阳明最早的及门弟子徐爱指出的："心德者，人之根源也，而不可少缓；文章名业者，人之枝叶也，而非所汲汲。"在阳明门下，也有一些学生在做学问时，只在枝叶上下工夫，而忘记由根本培养以畅达生意，从而出现支离决裂的倾向。阳明指出，心如草木之根，心学便是培养、灌溉此根。因为扶植铲锄全是为了培育此根，所以学亦无非是为了育成此根。

原文

种树者必培其根，种德者必养其心。欲树之长，必于始生时删其繁枝。欲德之盛，必于始学时去夫外好。如外好诗文，则精神日渐漏泄在诗文上去。凡百外好皆然。

——《传习录·薛侃录》(一一五)

今译

栽树的人必须培养树根，修德的人必须修养心性。要使树木长高，必须开始时就裁去多余的枝。要使德性盛隆，必须在开始学习时就除去对外物的喜好。如喜爱诗文，精神就会逐渐倾注在诗文上。其他诸多爱好都是如此。

抛弃虚名实利，专注于天理自然

立志看似好办，但是要能立一个方向和目的正确的志，却也不是一件容易的事情。在这立志的过程中抛却虚名或实利的诱惑，才可能做成点什么。倘若一开始就抱着成名获利的思想，是永远也算不得立志的。

什么是主一？主一就是“居敬”，也就是存养天理自然的工夫。“主一”并非如读书便一心在读书上，接事一心在接事上；这是“逐物”，而不是“居敬”。立志之道贵在主一居敬，这包含两层意思，一是方向和目标要正确，二是要持之以恒。专注于回归天理自然是最基本的一点，由这点出发，循序渐进，最后能够达到一个更高的境界。

原文

“如何是主一？”

曰：“如读书便一心在读书上，接事便一心在接事上。”

曰：“如此，则饮酒便一心在饮酒上，好色便一心在好色上，却是逐物，成甚居敬工夫？”

——《传习录·薛侃录》（一一七）

今译

先生问：“怎样才算是主一？”

梁日孚说：“例如，读书就一心在读书上，做事就一心在做事上。”

先生说：“这样一来，饮酒就一心在饮酒上，好色就一心在好色上。这是追逐外物，怎么能称为居敬工夫呢？”

人人胸中各有个圣人

阳明提出“人胸中各有个圣人”的观点，与当时禅学的发展也不无关系。禅学发展到明代时，发生了一个重大变化，就是主张把一切烦恼一概扫除而进入悟境的如来禅开始衰微，而追求人心之现存，即顺从性情之自然，应机而入悟境的祖师禅开始盛行，同时，尊重人性的《楞严经》也受到了广泛重视。

这背后所潜藏的，其实是对人性有限还是无限的认识。承认人性有限，那么凡人就无法成就完美人格，无法成为圣人。而阳明指出，人性是具有无限潜力的，圣人在每人胸中。人的习性千人千面，但是本性却是相同相通的。他并非要故作惊人之语，而是揭示了众人成就完美人格的理据，增加了他们的信心。

有一个小故事可以作为这一点的说明。

阳明的门人捉到了一个小偷，便问阳明：“你看小偷有良知吗？”

阳明说有，然后让人把小偷带到堂上，命令他脱去外衣，随后又请他脱掉衬衣，小偷都照办了。可是接下去让小偷继续脱掉裤子时，小偷却没有照做，而是迟疑地说：“这恐怕不妥吧。”阳明于是对大家说：“这便是小偷的良知。”

原文

在虔与于中、谦之同侍。先生曰："人胸中各有个圣人，只自信不及，都自埋倒了。"因顾于中曰："尔胸中原是圣人。"于中起不敢当。先生曰："此是尔自家有的，如何要推？"于中又曰："不敢。"先生曰："众人皆有之，况在于中，却何故谦起来？谦亦不得。"于中乃笑受。

——《传习录·陈九川录》(二〇七)

今译

在虔州的时候，陈九川和于中、邹宁益一块陪伴着先生。先生说："各人的胸中自有一个圣人，只因自信心不足，自己把圣人给埋没了。"

先生接着对于中说："你的胸中原本是圣人。"

于中连忙站起来说："不敢当，不敢当。"

先生说："这是你自己所有的，为何要推辞？"

于中还说："不敢当，委实不敢当。"

先生说："每个人都有，更何况你呢？你为什么却要谦让？谦让也要不得。"

于中于是笑着接受了。

立德犹如建屋，文艺挂做门面

道、德、仁、艺，是孔门的学问条目。但是在它们的轻重次序之间，还有很多讲究。对孩子来说，先教礼、乐、射、御、书、数，也就是“游于艺”，接着教孝悌礼让以及洒扫应对的方式，也就是“依于仁”，使其有好的品行。从这时开始，他才会知道有德可做根基和有道可以追求，才能够反省自己，知道有真实的心性可以依托。最后再教他能够明道行道。如果只提志道这个大题目，往往会使他失去依据，没有地方可发挥，这也是有问题的。

孔子十五而志于学，也就是志于道。追求道而有收获，就是德。仁者心德宽广，坚持追求道，才能有德自然形成于心中。只有当德的根基牢靠了，才能有仁在性格上表现出来。因此志道、据德、依仁这三件事，有先后次序，但并无轻重主次。这三者相对于游艺，则是有轻重之别，而无先后之分。

生活中有一句话叫“先做人后做事”，其中所蕴含的道理其实也就在阳明的这个比喻里。阳明认为，博学约礼的修养工夫就称为“行”，这个工夫到家了，道也就自然水落石出了。孔门学问并非发明，只是对于自然和社会规律的发现的总结。古人能体悟，今人也能领会到；颜回能窥见，我们只要立心向学，自然也能发现。

原文

问“志于道”一章。

先生曰：“只是志道一句，便含下面数句工夫，自住不得。譬如做此屋，‘志于道’是念念要去择地鸠材，经营成个区宅。‘据德’却是经画已成，有可据矣。‘依仁’却是常常住在区宅内，更不离去。‘游艺’却是加些画采，美此区宅。艺者，理之所宜者也。如诵诗、读书、弹琴、习射之类，皆所以调习此心，使之熟于道也。苟不‘志道’而‘游艺’，却如无状小子，不先去置造区宅，只管要去买画挂，做门面。不知将挂在何处？”

——《传习录·黄修易录》（二四〇）

今译

有人就《论语》中的“志于道章”请教于先生。

先生说：“关于志道这句话，它包含了以下好几句的工夫，不能仅停留在志道上。例如建房屋这件事，它的‘志于道’，就是一定要挑好地方，用好材料，将房子建成功；‘据于德’，就是把房子建成，有地方居住；‘依于仁’，就是长期居住在这房子里，不再离去；‘游于艺’，就是把房子加以装饰美化。艺，就是理的最恰当处。比如诵诗、读书、弹琴、射击之类，都是为了调习这个心，使它能够纯熟于道。若不‘志于道’而去‘游于艺’，如同一个糊涂小伙，不先去建造房屋，只顾去买画张挂，装点门面。不知他究竟要把画挂在什么地方？”

一棒一条痕，一掴一拳血

“一棒一条痕，一掴一拳血”，出自《朱子语类》。打一棒子留下一条痕迹，打一巴掌手掌留下血迹，这样做，并不是自虐，而是一种在修学中扎扎实实的死磕态度。也就是在当下所面对的事情上、环境中，依本心良知的命令去实践，不论何时何地，面对何种物件，都这样要求，这样做。

阳明教弟子，首重志趣的培养和“全身心”的投入。在阳明的思想中，身心是密不可分的。曾有弟子请问治修持过程中“困忘之病”的方法，阳明依然是以“志欠真切”概括此病之根源，而除病之方便是真切之功：“自家痛痒，自家须会知得，自家须会搔摩得。既自知得痛痒，自家须不能不搔摩的；佛家谓之方便法门，须是自家调停斟酌，他人总难与力，亦更无别法可设也。”（《启问道通书》）

唯有知道自家痛痒，在立志时才能做到“一棒一条痕，一掴一拳血”。否则的话，没有真正去做自己认定值得做的事的志向，只是浑浑噩噩度日，像一块死肉，就是打都不知道痛痒。

原文

先生曰："诸公在此，务要立个必为圣人之心。时时刻刻须是一棒一条痕，一掴一掌血，方能听吾说话，句句得力。若茫茫荡荡度日，譬如一块死肉，打也不知得痛痒，恐终不济事，回家只寻得旧时伎俩而已。岂不惜哉？"

——《传习录·黄以方录》（三三一）

今译

先生说："各位在此处，一定要确立一个必做圣人的心。每时每刻要有如一棒留一条痕迹，一掌掴出一个血印，才能在听我讲学时，感到句句铿锵有力。若浑浑噩噩地度日，仿佛一块死肉，打它也不知痛痒，只怕最终于事无补。回家后还是以前的老套套，岂不让人可惜？"

超越生死之悟，圣道即在本心

明正德元年，阳明上疏救已下狱的直臣戴铣，被太监刘瑾矫诏廷杖四十，随即下锦衣狱，最终远谪贵州龙场。按当时文人的记载，刘瑾曾派遣刺客刺杀阳明，阳明在钱塘江边做出自杀的假象，摆脱了刺客，于正德三年春抵达龙场。荒山野岭之中，瘴疠弥漫，举目无亲。

但就在这样的环境中，阳明完成了著名的“龙场悟道”。它不同于一般意义上的悟，而是超越生死的大悟，使得阳明先生在知行、内外、物我等方面证得不二。

在龙场顿悟之前，阳明还在困惑于自身儒学的不得要领，迷惑于佛老两家的洒脱、空灵与精深，甚至以为佛老两家即是圣人之学，在顿悟之后，“叹圣人之道坦如大路，而视之儒者妄开窦径，蹈荆棘，堕坑堑，究其为说，反出二氏之下。宜乎世之高明之士厌此而趋彼也!”并自此轻易不谈佛老之学。

经此一悟，阳明才知道圣道就在自己内心，向外界事物去求理是错的。阳明学自此成形，成为影响近代中国及东亚的重要学说之一。

原文

龙场在贵州西北万山丛中，蛇虺魍魉，虫毒瘴疠，与居夷人鴃舌难语，可通语者，皆中土亡命。旧无居，始教之范土架屋以居。……因念："圣人处此，更有何道？"忽中夜大悟格物致知之旨，寤寐中若有语之者，不觉呼跃，从者皆惊。

——《年谱·正德三年》

今译

龙场位于贵州西北万山丛中，蛇虫魍魉出没，虫毒瘴疠盛行，一起生活的少数民族语言难懂，无法沟通。语言相通的，都是从中原地区逃亡而来的人。开始时没有居所，只好自己动手搭建房子居住。……面对如此磨难，阳明内心寻思："如果圣人在这种环境里会怎么样呢？"一天夜里，他忽然悟出儒家经典《大学》关于"格物致知"的道理，在半醒半睡之间好像有人在跟自己说话，阳明不禁一跃而起，大声呼叫，随从都被他的举动惊醒。

孔孟之学如日月，不需再向别处求

阳明指出，人要修习真理，必须要全面理解孔孟之学。这是已经臻至圆满境界的孔孟对于宇宙人生感悟的总结，认真学习，可以直接获得对于宇宙人生的认识，少走弯路。他认为，孔孟之学如日月之光，已经把前人实践与经验的一切真理涵盖其中，所以是最值得学习也是最本源的学问，绝不能抛开孔孟之学而旁求。

阳明本人正是吸收了孔孟之学，包括宋儒理学的遗产，反复揣摩碰撞，并吸纳了释道两家有关人性、生命、幸福、精神等理论，才开创出心学。因此他以孔孟之学为日月，也是出于自身体验的一种表达。

原文

夫孔、孟之训，昭如日月，凡支离决裂，似是而非者，皆异说也。有志于圣人之学者，外孔孟之训而他求，是舍日月之明，而希光于萤爝之微也，不亦谬乎？

——《年谱·嘉靖元年》

今译

孔孟的教导如同日月一般光明照耀，举凡把他们的思想割裂、似是而非的学说，都不是真传。那些想得到圣人学说的人，抛开孔子、孟子的学说，而去求教于其他的学说。那是抛开日月的光芒，而去追求萤火虫细微的光芒，岂不是很荒谬吗？

第五章

在世事上
磨炼才能进步

经书也是历史，学会判别是非

心学与理学相比，一个突出的特点是偏重实践，事上磨炼。

阳明说："五经也只是历史，历史是指明善恶，显示教导和劝诫，可以教导人的善事，保存事迹让人效法，可以劝诫人的坏事，保存其劝诫而删除其事迹以杜绝邪恶。"经史不二，以事言谓之史，以道言谓之经，这是从两者对人的教育而言的。

西方学问分门别类，互不相关，中国的学问分门不别类。经史子集四部是治学的四个门径，入门后则触类旁通，最后融而为一。从对生活的影响来看，中国人有一句话说：以铜为鉴，可以正衣冠；以人为鉴，可以明得失；以史为鉴，可以知兴替。英国哲学家弗朗西斯·培根也曾经说过：读史使人明智。这些表述都说明历史具有改造人心的作用。

善与恶，本来就专属于人类社会，脱离了社会，也就无善恶可言。自然界中，一场飓风或地震，致使成千上万的人失去生命，但我们却不能说飓风地震有什么恶。即使在社会上，因为历史的发展变迁，对于善恶的判断也是不断变化的。所以说恶是次一等的善，是有道理的。

可见，历史不独是指明善恶，而且也是判别善恶的依据之一。离开了历史，也就没有了善恶，也就没有了人价值的判断。

原文

先生曰:“以事言谓之史,以道言谓之经。事即道,道即事。《春秋》亦经,《五经》亦史。《易》是包牺氏之史,《书》是尧舜以下史,《礼》《乐》是三代史。其事同,其道同,安有所谓异!”

——《传习录·徐爱录》(一三)

今译

先生说:“从记事的角度来看是史书,从圣道的角度来看是经典。事实就是天理,天理就是事实。因此《春秋》也是经典,《五经》也是史书。《易》是伏羲氏时的史书,《尚书》是尧、舜以后的史书,《礼》《乐》是三代时的史书。它们所记载的事件是相同的,遵循的天理也是相同的,怎么会有差异呢?”

交友以诚相待，戒除优越心理

相下则得益，相上则损，说的是交朋友时的姿态问题。做到了，朋友间的良性循环互动就可以建立，彼此就可以相互学习，换位思考，携手共进。孟子说，交友不能倚仗年纪大，不能自恃地位高，不能倚仗家里富贵。交友时，是因为对方的品德好才去结交他，心中不要存在任何因倚仗而生的优势观念。

这里所说的倚仗，说到底是一种因道德不自信而产生的优越心理。如果在朋友交往过程中，认为自己的财富地位甚至学问高于对方，就会不自觉地流露出一种优越感来。如果朋友是一位豁达的人，当然没关系，如果对方的自尊心比较强，这段关系也就快要结束了。

清时名臣曾国藩在青年时代多言健谈，争强好胜，每当朋友间切磋时常常自持己见，强言争辩，用他自己的话说是“只是要压倒他人，获取名誉”。有一次，他在家为父亲祝寿，结果又与前来祝寿的朋友郑小珊争论起来。客人走后，他的父亲告诫他要给人留面子的话。曾国藩马上意识到问题的严重性，亲自往小珊家中表示歉意。

他在日记中反思：“苟我素以忠信待人，何至人不见信？苟我素能礼人以敬，何至人有谩言？”从那以后，曾国藩日渐成熟，谦下待人成为其交友的重要原则。

原文

处朋友，务相下则得益，相上则损。

——《传习录·陆澄录》(一八)

今译

与朋友相处，务必要相互甘拜下风，才会获得益处，相互争高低只会带来损失。

省察是有事时存养，存养是无事时省察

人做事的习惯风格，往往是因循成习，去除甚难。而整个心学所要达到的最终目的，或者说心学所要解决的核心问题，就是变化人的气质。

宋代大儒程颢有一个见猎心喜的典故，可以形象地看出变化气质之难。

程颢十六七岁时，非常喜欢打猎，常常到郊外从事这样的活动，享受在田野中追逐猎物的快乐。但随着年纪增长，加上忙着求学做官，他能像年轻时那样外出打猎的时间越来越少，便以为自己对这项活动不再感兴趣了。但他的老师周敦颐却对他说："要改掉旧习谈何容易？现在你只是将这个喜好隐藏起来，等哪天又有机会接触到，你就会像从前一样喜欢它了。"十二年后的一天，程颢在回家的路上看见有人在打猎，不禁想起从前打猎的快乐，一时心潮起伏，跃跃欲试。他这才惊觉周敦颐对这个问题的预见性，也了解了变化气质之难。

要达到变化气质的目的，省察和存养是必不可少的两种工夫。所谓"省察"也就是曾子所说的"吾日三省吾身"，这三省全是对日常的待事接物上说的，自我反省一下，惩前毖后，这个是"省察"。"存养"是说心中无事时，涵养到心中没有不正的私心杂念，如明镜般一尘不染。《菜根谭》中的一句话，可以用来说明存养的效用：

忙处事为，常向闲中先检点，过举自稀；

动时念想，预从静里密操持，非心自息。

在很多学者看来，省察与存养是两种不同的工夫。阳明将它们合二为一，因为无论是省察还是存养，都是你内心自发的，是你独知的，不是依靠什么外在的力量迫使你这么做的，所以这个基础是同一的，虽然应用的条件各异，但是工夫却是一致的。

如果以为知道静养就可以不要克治，那么即使静时有所得，也会在动时倾倒。阳明特别指出，唯有在动时用工夫，才能做到程颢所谓的“动亦定，静亦定”。毫无疑问，这一教法其实也说明，阳明痛感到了静悟存养的过程中会出现的僻静陷空的弊害。

原文

先生曰：“省察是有事时存养，存养是无事时省察。”

——《传习录·陆澄录》(三六)

今译

先生说：“省察就是有事时在事上存养天理，存养天理就是无事时反省体察天理。”

事变皆是人情，时时守护内心

阳明提出“除了人情事变则无事”的观点，似乎又有违人们的常识。在自然界中，不是有很多与人情事变无关的事吗？人有悲欢离合是人情事变，可月有阴晴圆缺呢？它们又和“人情”有什么关系？

月有阴晴圆缺，当人一注意到它的时候，其实已经参与其中，成为这个事件的一部分了。它之所以能出现在东坡词中，不正是东坡情动于中而发吗？其他事物也是同样道理，也无法脱离“人情”。其实胡塞尔已经指出：特定的世界具象，是由特定的察觉者与察觉物件构成的。

既然一切事物都不外乎“人情事变”，就要求我们在“人情”上努力，将“觉到此心不正时”的状态给扭正，将偏执、尖锐、游移回复为平和、圆通、适宜。而这种工夫，具体操作起来就是“戒慎乎其所不睹，恐惧乎其所不闻”的谨独，在独处无人时能够守护内心，是自我觉照和表里合一。

原文

澄尝问象山在人情事变上做工夫之说。

先生曰："除了人情事变则无事矣。喜怒哀乐非人情乎？自视听言动，以至富贵贫贱患难死生，皆事变也。事变亦只在人情里，其要只在'致中和'，'致中和'只在'谨独'。"

——《传习录·陆澄录》(三七)

今译

陆澄曾经向先生请教陆九渊在人情事变上下工夫的学说。

先生说："世上除了人情事变再也没有其他事了。喜怒哀乐难道不是人情吗？从看听说做到富贵、贫贱、患难、死生，都是事变。所有的事变也只在人情里体现，关键是要保持'中正平和'的心，要做到'中正平和'关键在于'慎独'。"

邪鬼不能迷人，只是人心自迷

生活中，多数人之所以怕这怕那，究其原因还是心不正或心不定，被各种物欲缠绕扰动。如果一个人的心光明坦荡，不为私欲所困，那么即使再诡谲的事物，也奈何不了他。

人夜梦见鬼也好，怕黑怕鬼也好，只是由于心中正气不足，心中有所忌惮，有所畏惧，心底无私自然无所惧怕，故王阳明曰："若素行合于神明，何怕之有？"平素积累善念，积聚元气，培育素养，鬼在我们的心中，心中正气充沛，所遇的鬼神也自然是正而不邪的了。

清人纪晓岚在《阅微草堂笔记》卷二十三《滦阳续录》中记载这样一则故事：一戴姓士人租了一座多年闹鬼的空房子。夜里，出现一个大鬼向他喝问："你果真不怕吗？"士人说："当然不怕！"鬼就变出许许多多恐怖模样，然后又问："你还不怕吗？"士人又说："不怕！"这时，鬼语气缓和下来说："我也不一定非撵你不可，你只要说一个怕字，我就走！"士人生气地说："本来就不怕，怎么能假说怕呢？你爱走不走。"那个鬼毫无办法，叹口气就不见了。

有人责怪士人说："怕鬼是人之常情，你马马虎虎说声怕，就可以和平解决；一定和鬼对峙，有什么好处呢？"士人说："修养深的人，能用安定镇静的工夫除去鬼，我赶不上。但我能用一股正气去应付，正气旺盛，鬼就不敢逼我。如果我稍一迁就，鬼会有机可乘。"

心学核心思想之一便是："此心不动，随机而动。"这是指一种心态，只有心定下来，才能做到真正的无惧，才能按照自己内心的想法来行动。我们常说"平生不做亏心事，半夜不怕鬼敲门"，其实也是一种形象的诠释。

原文

澄问："有人夜怕鬼者，奈何？"

先生曰："只是平日不能'集义'，而必有所谦，故怕。若素行合于神明，何怕之有？"

子莘曰："正直之鬼不须怕，恐邪鬼不管人善恶，故未免怕。"

先生曰："岂有邪鬼能迷正人乎？只此一怕，即是心邪，故有迷之者。非鬼迷也，心自迷耳。如人好色，即是色鬼迷；好货，即是货鬼迷；怒所不当怒，是怒鬼迷；惧所不当惧，是惧鬼迷也。"

——《传习录·陆澄录》(四〇)

今译

陆澄问："有的人夜晚害怕鬼，怎么办？"

先生说："这种人，平时不肯行善积德，内心有所欠缺，所以害怕。若平时的行为不违神灵，坦荡光明，又有什么可怕的？"

马子莘(陆澄学友)说："正直的鬼不可怕，但邪恶之鬼不理会人的善恶，所以难免有些害怕。"

先生说："哪里有邪恶的鬼能够迷惑正直的君子呢？因为你们存了一个怕鬼的念头，这就是心邪了。所以凡是有被迷惑的人，并不是被鬼迷惑，而是被自己的心所迷呀。人好色，就是色鬼迷；贪财，就是财鬼迷；不该怒而怒，就是怒鬼迷；不该怕而怕，就是惧鬼迷。"

若知昼夜，即知死生

以昼喻生，以夜喻死，是程颐的发明。他说："昼夜者，死生之道也。知生之道，则知死之道；尽事人之道，则尽事鬼之道。死生人鬼，一而二，二而一者也。"

阳明借用这一比喻加以发挥，告诉学生们，如果视生死更替犹如昼夜相代，便不会有对死亡的恐惧了，而要知夜必须先知昼，要知死则需要先生。这一回答，比之孔子的"未知生，焉知死"显然是明晰了很多。

如果人活着只知道吃饭、穿衣、睡觉，其余一概不知不求，那其实只是"梦昼"——活着也如同睡着了一样不省人事，和死没什么区别。而只有不但在清醒时孜孜于回归清净的天理自然，在睡梦中亦归之天理自然，涵养成自我之"天德"，才能与超越时空和生死的本体"良知"合为一体。这时也就可以把生死变化当作日夜周转一样，不再为对死亡的恐惧所奴役，而专心致力于人伦道德的领悟与践履。

后来，阳明的三传弟子罗近溪也用"生死乃昼夜"的观念，安慰那些困惑于生死的人。但有人表示不解，罗近溪说：天地之所以有昼夜变化，是因为太阳周转不息；而人的良知灵明之心也如太阳一般昭朗活泼、周转不息，人由生而死，就如同圆环和车轮一般往复不息，故而可以昼夜视生死。

听了这一解释，座中一位年长者起立拊掌笑曰：我平日里常常思及生死问题，便心神不安啊，今闻此言，足以让我安心矣！

原文

萧惠问死生之道。先生曰:“知昼夜,即知死生。”

问昼夜之道。曰:“知昼则知夜。”

曰:“昼亦有所不知乎?”

先生曰:“汝能知昼?懵懵而兴,蠢蠢而食,行不着,习不察。终日昏昏,只是梦昼。惟‘息有养,瞬有存’,此心惺惺明明,天理无一息间断,才是能知昼。这便是天德,便是通乎昼夜之道而知,更有甚么死生?”

——《传习录·薛侃录》(一二六)

今译

萧惠向先生请教生死之道。先生说:“知道了昼夜,就能知道生死。”

萧惠再次请教昼夜之道。先生说:“知道了白天,就知道黑夜。”

萧惠说:“难道还有人不知道白天吗?”

先生说:“你能知道白天?懵懵懂懂起床,胡嚼乱咽地吃饭,行不自觉,习不清醒,成天昏昏沉沉,这只是梦中的白天。唯有‘息有养,瞬有存’,心清醒明亮,天理没有片刻间断,才能知道是白天,这个就是天德,这就是明白了昼夜之道。而知晓了白昼之道,还有什么生死的问题?”

既不流于张狂，也不失于虚寂

无善无恶是本体，为善去恶是工夫，二者不可割裂。工夫若不以本体为趋归，则流于张狂；本体若不以工夫为保证，则流于虚寂。

以阳明后学为例，江右学派罗念庵醉心于本体之内敛体证，“劈石莲洞居之，默坐半榻间，不出户者三年”。这样做，其实是忽视了“为善去恶”的工夫，无善无恶之“至善”境界也就成了镜花水月。

学，从本质上是加强人格的修养，学会理性和谐地生活，不过分计较得失，不因毁誉而有荣辱。如果明白了这一点，就自然而然地会做很多问辨、思索、存养、省察和克治的修养工夫。坐如尸、立如斋的目的，是要历练自己的心性，达到“内无妄思，外无妄动”的境界，并不是要求人专门练习端坐和站立，而是要在端坐和站立时锻炼这颗心。

原文

先生曰:"'时习'者,'坐如尸',非专习坐也,坐时习此心也;'立如斋',非专习立也,立时习此心也。'说'是'理义之说我心'之'说',人心本自说理义,如目本说色,耳本说声。惟为人欲所蔽所累,始有不说。今人欲日去,则理义日洽浃。安得不说?"

——《传习录·薛侃录》(一一一)

今译

先生说:"'时习'就像'坐如尸',不是专门学习端坐,而是为了在端坐时修身养性;'立如斋',不是专门学习站立,而是要在站立时学习存养天性。'说'是'理义之说我心'中的'说',人心原本就愉悦于天理自然的清净状态,就像眼睛喜欢颜色,耳朵喜欢声音一样。只因为被私欲所蒙蔽所牵累,才开始有烦恼压抑。现在人们如果一天天地去除私欲,那么天理自然的力量,就会一天天滋养身心,我们怎么会不高兴呢?"

知新必由温故，温故乃所以知新

温，原意是用火把东西弄熟。急火为煮，慢火曰温，温在这里就是慢慢去思考和体会的意思。温故，可以解释为温习以前所了解的道理、刚刚学到的道理。如此，才能探寻其中所蕴含的义理，获取新的心得。

修学不能仅仅满足于内心存养，还必须正之于先觉、考之于古训，也就是说不能没有学问的。“温故”与“知新”本是同一件事，如果以为“温故”只复习已经学到的，那就成了人们常说的“记诵之学”，即使是记住的东西再多，终究无法成为自己领悟的东西，所以也就无法教会别人。

不过，人的心得并非凭空得到，而是要从所闻所见所知领悟出来。只有不断领悟，使新旧内外融会贯通，这样才算得上真正的学习，当然也可胜任教给别人的任务。

温故与知新，其实也是知行合一的工夫。很多人之所以知行分离为两截，就是因为他们把学习等同于记诵书本知识，而不是作为提高自身修养，获得和谐人生的一种途径。

原文

“温故知新”，朱子亦以温故属之尊德性矣。德性岂可以外求哉？惟夫知新必由于温故，而温故乃所以知新，则亦可以验知行之非两节矣。

——《传习录·答顾东桥书》(一四〇)

今译

“温故知新”，朱熹也认为“温故”属于尊德性。德性难道能从心外求得吗？知新必须通过温故，温故才能知新，那么也可以证明知行并不是两部分。

遵循自然即是静，听从私欲未尝静

“动、静”是历代学者的大题目，历来也是见解纷呈。“静中有动，动中有静”，其实也正是宋代理学的宗旨，被阳明所吸收。

朱熹认为，无动无静的是太极，太极是万事万物的根源；然而，一切事物的动静、生灭又都是太极作用的结果。“动静无端，阴阳无始”。而在阳明这里，则是指出“一动一静循环无端”，犹如白昼与黑夜；动与静是互相联系的，彼此不能孤立。他进而从修习心性的角度出发，主张格物也应“无间动静”，动静合一，注重事上磨炼，不赞成舍动求静。

阳明所谓的循理，其实也就是知止知定的意思。而从欲，是听从私欲掌握，失去对事物的清醒认识。把它们与动与静联系起来，还是针对致良知的实践而说的。

宋代程颢和程颐兄弟都是理学大师，人称大程子、小程子。有一天，洛阳的一个名士请二程赴家宴，宴会上有歌伎陪酒。小程很快就起身离席，告辞而去。大程却照吃照喝，谈笑风生，与主人尽欢而别。

第二天，程颐余怒未消，到书房去找哥哥，责备他昨天失了尊严。大程子笑道：“昨日宴会中有歌伎伴酒，我心中却没有歌伎的影子，今天我书房中并无歌伎，而你心中却老想着歌伎的形象。”

原文

“未发之中”即良知也，无前后、内外而浑然一体者也。有事、无事可以言动、静，而良知无分于有事、无事也。寂然、感通可以言动、静，而良知无分于寂然、感通也。动、静者所遇之时，心之本体固无分于动、静也。理无动者也，动即为欲。循理则虽酬酢万变而未尝动也；从欲则虽槁心一念，而未尝静也。“动中有静，静中有动”，又何疑乎？有事而感通固可以言动，然而寂然者未尝有增也；无事而寂然固可以言静，然而感通者未尝有减也。“动而无动，静而无静”，又何疑乎？

——《传习录·答陆元静书》(一五七)

今译

未发之中亦即良知，它浑然一体，没有前后内外之别。就有事、无事而言可以分动、静，但是良知不能分为有事和无事。就寂然、感通而言可以分动、静，但是良知不能分为寂然和感通。动静是因时而异的。

心的本体，原本就没有动静之分。理是静止不动的，若动，就会变为欲。只要遵循理，即使酬酢万变也未曾动。如果依从欲，即使死心无念也未必静。“动中有静，静中有动”，这还有什么地方值得怀疑？遇事时的感通固然可以说是动，但是，其寂然不动者并未增加什么；无事时寂然固然可以说是静，但是，其感而遂通者并未减少什么。“动而无动，静而无静”，这还有什么地方值得怀疑？

必须事上磨炼，才能气定神闲

初学心学的人，静坐息心是入门的功法，慢慢达到“意思好”的境界就算得到了初步成效。不过且慢欢喜，你马上会进入“遇事便不同”的困境。平常无事时，每个人都可以表现得温良恭俭让，一派和谐，可是一遇到事情，特别是涉及切身利益的事情，就可能马上变得冷酷阴险狠辣。

所以说“静养”只是初级阶段，关键在于“事上磨”，也就是在应事接物时能观察省思，随时随地克制心中的私心杂念，这个既是心学的修炼方法，也是修炼所要达到的目的。

“静亦定，动亦定”一语，出自《河南程氏遗书》。每临大事有静气的工夫，不仅在气定神闲时的静养，更在于克己，在于临事的磨砺，方能静亦定，动亦定。

古人所说的“定”，定是一种风度和思想，一种人为属性转变成天然属性的过程。用一句现代流行语来形容，就是“hold 住”，也就是通过控制自己来控制住局面。

原文

问:“静时亦觉意思好,才遇事便不同,如何?”

先生曰:“是徒知静养,而不用克己工夫也。如此,临事便要倾倒。人须在事上磨,方立得住,方能‘静亦定,动亦定’。”

——《传习录·陈九川录》(二〇四)

今译

陆澄问:“静心思考的时候也觉得某种思想很好,可是一遇到事就觉得不能按那种思路去做,这是怎么回事?”

先生说:“那是因为你仅仅知道静心修养,而不知道努力下克制自己的工夫。就像这样,遇到事就会觉得原来的思路不管用了。人必须在事上琢磨,才能站立得住,才能做到‘静止时有定理,行动时也有定理’。”

倘若一味好静，遇事必然忙乱

嘉靖二年朝廷殿试，王门有四位弟子参加。策问题目暗中羞辱王学，徐珊怫然而怒，不对而出，浩然东归，赢得时人好评。另外三位，“不讳夫子之旨”，即是直接陈述阳明心学，把殿试作为弘扬的讲坛，倒也通过了。其中欧阳德深得嘉靖欣赏，被破格授予六安州知州（嘉靖出生地）。

四人之中，一个不答而退，三个却不错过“良机”，谁的功底深？正如徐珊反省中所说：“夫子致知之训，心平气和，而良知自发。吾过矣！”这次殿试，对王门弟子来讲，是一次致良知的测试。

心学向来是以动处的实地之功为要的，但也并不全盘否定静处的工夫。心猿意马，即是心不定。对思虑和私欲纷杂的初学者来说，静处用功尤为必要。但是一旦把静处当成了定法，可能会偏于静虚，如同槁木死灰一般悬空守静，最终荒疏无用。所以，绝世故、屏思虑而专注于静养灵明的做法，是已然养成了空寂之性，虽然想不流于空寂，也是很难做到的。阳明把这种问题称为“因药而发病”。

阳明以自己的切身体会，教弟子把人经历毁誉荣辱看作是主体意志品质锻炼成长的磨刀石，又把它视为检验主体意志品质的试金石，从而在事变中锻炼：“变化气质，居常无所见。惟当利害，经变故，遭屈辱，平时愤怒者到此能不愤怒，忧惶失措者到此能不忧惶失措，始是得力处，亦便是用力处。”因此，要珍惜人生的每一次变故，这正是人修学的“得力处”和“用力处”。

原文

又问:“静坐用功,颇觉此心收敛。遇事又断了,旋起个念头去事上省察。事过又寻旧功,还觉有内外,打不作一片。”

先生曰:“此格物之说未透。心何尝有内外?即如惟浚今在此讲论,又岂有一心在内照管?这听讲说时专敬,即是那静坐时心。工夫一贯,何须更起念头?人须在事上磨炼做工夫乃有益。若只好静,遇事便乱,终无长进。那静时工夫亦差似收敛,而实放溺也。”

——《传习录·陈九川录》(二〇四)

今译

九川又问:“静坐用功时,特别感觉到此心正在收敛。但若有事情发生就会间断,马上即起个念头到所遇的事上去省察。待事情过去后回头寻找原来的工夫,依然觉得有内外之分,始终不能打成一片。”

先生说:“这是因为对格物的理解还不够深刻。心怎会有内外?正如你现在在这里讨论,岂会还有一个心在里边照管着?这个一心听讲和说话的心就是静坐时的心。工夫是一贯的,哪里需要又起一个念头?人必须在事上磨炼,在事上用功才会有帮助。若只爱静,遇事就会慌乱,始终不会有进步。那静时的工夫,表面看是收敛,实际上却是放纵沉沦。”

好心态关乎生死，常快活便是工夫

人生充满烦恼、痛苦和不顺，最重要的是摆正自己的心态，积极面对一切。即使再苦再累，都别忘了给自己找点快乐。若能把持住灵动照觉的心境，天地之间何处不可乐？

阳明在龙场谪居期间，有一个从京师来的小官，带着儿子和一个仆人从龙场路过去上任。没想到，第二天中午有路人说，这个小官已死在路上。阳明感慨地说："我早知道他肯定会死。因为前两天我隔着篱笆望见他没有笑容，一副忧心忡忡的样子。如果他实在贪恋这五斗米的俸禄，就应该高高兴兴地去上任，为什么要这么不开心呢？要知道，遥远的路途中，风餐露宿，饥渴劳累，瘴疠之气时时侵扰着身体，如果这时又有忧郁哀愁积于内心，内外夹攻，岂有不死之理？而我离开故乡来到这里，已有两年了，能安然无恙，就是因为我始终保持着豁达愉悦之心。"

正因为阳明在任何时候都能保持内心的强大与愉悦，才能在龙场这个蛮荒之地安顿下来并顺利悟道，为后来的崛起奠定了基础。心境对一个人的影响十分之大，甚至到了生死攸关的地步。所以，常快活便是工夫，要想拥有快乐的人生，关键就在于拥有光风霁月的心境。

当我们通过自身的修养，觑破灵明照觉的心体时，必然伴随着情感的愉悦，在悠闲的静观中体悟了万物生机，或因一念透显而化入与天地万物浑然一体的境界时，必然伴随着自得甚至忘形的狂喜。而这种快活，是获得世间任何名利都无法带来的。

原文

学生陈九川卧病虔州。王阳明问："病物亦难格，觉得如何？"陈九川答："工夫甚难。"王阳明说："常快活便是工夫。"

——《传习录·陈九川录》(二一五)

今译

在虔州时，学生陈九川病倒了。王阳明说："关于病这个东西，格也很困难，你感觉如何？"陈九川说："工夫的确很难。"王阳明说："经常保持快乐、乐观的心情，你的病也就没有了，这就是工夫。"

大道不离世间，不可空锅煮饭

鸢飞鱼跃，万物乐于各得其所，人要“致良知”，也必须在事上作工夫，而不是谈玄说空。道，并非天边渺不可及的幻影，就在你身边。柴米油盐酱醋茶，担水、吃饭、睡觉、拉撒……都是下手处。

人的修养和能力离不开书本知识的学习，更离不开在实际的诸多琐事中的磨炼。陆游有一首诗说“纸上得来终觉浅，绝知此事要躬行”，说的就是这个道理。因为从实际磨炼中得到的经验，才会记忆深刻。如果没有经过那种令人刻骨铭心的体验，人的潜意识是不会将这些东西记住，并化为自己的能力和智慧的。

对于必须在生活中磨炼，阳明有一个十分巧妙的比喻。他说，如果不到“必有事”上下工夫，而是空守着一个“勿忘勿助”的观念，这就有如生火做饭，锅里还未烧水下米，而一味去添柴加火，最终不知能烧出个什么名堂。只怕还没调好火候，灶上的锅早已先行破裂了。由此可见，大道不离世间觉，是天底下所有修行的不二法门。如果脱离生活去修去炼，最后只能变成阳明所说的“痴呆汉”。

原文

问:“先儒谓‘鸢飞鱼跃’,与‘必有事焉’,同一活泼泼地。”

先生曰:“亦是。天地间活泼泼地,无非此理,便是吾良知的流行不息。致良知便是‘必有事’的工夫。此理非惟不可离,实亦不得而离也。无往而非道,无往而非工夫。”

——《传习录·黄以方录》(三三〇)

今译

有人问:“为什么程颢认为‘鸢飞鱼跃’和‘必有事焉’,都是充满生机的?”

先生说:“程颢的话也有道理。天地间充满生机的,都是这个理,也就是我良知的流行不止。致良知就是‘必有事’的工夫。这个理不仅不能离,实际也不可能离开。无往而不是道,也就是无往而不是工夫。”

第六章

我们的心
与万物本是一体

人天民物本一体，儒佛老庄皆可用

在中国传统观念中，自然界称为天，人文界称为人。中国人一方面用人文来对抗天然，提高人文的地位来和天然分庭抗礼；另一方面又主张天人合一，也就是使双方调和融通在一起，既不让自然来消灭人文，也不用"人定胜天"之类的思维来努力使人文战胜自然。归结起来就是天人合一、万物一体的理念。

万物一体的问题，几乎各民族的圣贤都有所研究。据钱穆先生总结，可以分为以下三类：一是说万物都是一个天神所创造，所以是一体的；一是说万物只是一种原质所变化，所以是一体的；一是说万物只是一个心镜所照现，所以是一体的。这三种说法，分别成了宗教、科学和哲学。

佛家和儒家一样提倡心学，甚至比儒家更以尽心为宗。然而，两者也有不同之处。儒家以万物为一体，顺应天理自然，把尽心理解为裁成辅相自然界以完成其生命意义，如果能尽心，也就自然能齐家、治国、平天下，成就经世济人的事业。这是为什么儒家提倡不以人我、内外、动静为别，而以天地万物为心的缘由。

阳明提出以儒为主融摄佛道的观念，认为如果能遵从儒家之道，那么佛家的出离和道家的养生都在其中了：能在尽性至命的过程中完养此身，就叫仙；你能在尽性至命的过程中不染世俗之累，就叫佛。如果把佛道当作不同的见解，就不算是见到了儒家圣学的全貌。

阳明针对这种做法打了个比方：譬如有一个厅堂，三间屋子共为一厅，儒者见到佛门中人，就割出左边一间给他住；见到道家中人，则割出右边一间屋子给他住；而自己终年自处于中间一间屋子。这样做，实际上是不知道三间屋子都可以为自己所用。

原文

圣人与天地民物同体，儒、佛、老、庄皆吾之用，是之谓大道。二氏自私其身，是之谓小道。

——《年谱·嘉靖二年》

今译

圣人与天地万物同体，儒、佛、老、庄，皆我之用，这才叫大道。若像佛、老二氏那样自私其身、只为求个自我解脱，这就是小道。

天下本是一家，众人本为一体

为什么我们看到别人的困苦，无论谁的疾痛也都与自己的疾痛一样，会有切肤之痛？原因无他，因为我们从本质上来说，都是以天地万物为一体的，对于天下之人，是无内外远近之别的，都是作为同气同体的同胞，如同昆弟赤子的骨肉之亲爱。这样的一体之心是先天的，因而是不分圣愚，人人本来就有的东西。

在宋代，程颢认为仁浑然与物同体，我们只须把这种意思诚敬地存之于心便得，这是明道的见解。他的弟弟程颐的说法也差不多："一人之心，即天地之心，一物之理，即万物之理。"对这一点阐述最系统的，就是阳明的《大学问》。

《大学》即大人之学，阳明写《大学问》，其实也就是把它做自己的晚年定论了。《大学问》文字平易切实，被认为是王门的教典。它开宗明义便提及天地万物一体之仁，也就是宋明理学传统精神所在。不过，与朱熹建立的以不可经验的理为中心的本体世界不同，阳明以经验的心本体为中心，讲明明德与亲民内外交融，体用一体，而以灵昭不昧的良知为分善别恶的准绳，这样从本体和工夫上就都齐备了。

原文

大人者，以天地万物为一体者也。其视天下犹一家，中国犹一人焉。若夫间形骸而分尔我者，小人矣。大人之能以天地万物为一体也，非意之也，其心之仁本若是，其与天地万物而为一也，岂惟大人，虽小人之心亦莫不然，彼顾自小之耳。是故见孺子之入井，而必有怵惕恻隐之心焉，是其仁之与孺子而为一体也。

——《大学问》

今译

所谓的“大人”，指的是把天地万物看成一体的那类人。他们视天下如一家，视全体人为一人。如果有人按照形体来区分你和我，就是所谓的“小人”。大人能够把天地万物当作一体，并不是有意去那么做，而是他们心中的仁德本来如此，这种仁德跟天地万物是一体的。其实岂只是大人才会如此呢？就是小人的心也莫不如此，只是他们自己局限住了自己罢了。所以当人看到一个小孩儿要掉进井里时，必会自然而然地升起害怕和同情之心，这就是说他的仁德跟孩子是一体的。

天地间万象，与我心相通

我们的身体，并不像我们所想象的那样是一个自我封闭的实体，而是与别人、与天地万物心气相通、一体相关的一个单元，风雨露雷、日月星辰、禽兽草木、山川土石，与我们原本是一体的。大海不可谓不宽阔，高山不可谓不巍峨，日月不可谓不伟大，宇宙不可谓不杳渺，然而它们统统与我们的身心同为一体，在心的统摄之下。

宋代邵雍曾经在诗中表达过这种思想：

身生天地后，心在天地前；

天地自我出，自余何足言。（《伊川击壤集》）

我们与万物虽然是无隔不二的，但习气和执着，又使我们在世间表现出自成一体的形式。万物与我一体的生命观，并不是要抹煞我们与万物的内在界限，也不是要彻底泯灭我们生命的个性、独特性与自主性，而是指出我们推己及人、及物的可能性和次第性。

原文

今夫茫茫堪舆，苍然隤然，其气之最粗者欤。稍精则为日月星宿风雨山川，又稍精则为雷电鬼怪草木花卉，又精而为鸟兽鱼鳖昆虫之属，至精而为人，至灵至明而为心，故无万象则无天地，无吾心则无万象矣。故万象者，吾心之所为也；天地者，万象之所为也。天地万象，吾心之糟粕也。要其极致，乃见天地无心，而人为之心。

——《传习录拾遗》

今译

茫茫天地，空阔辽远却又柔顺随和，这是阴阳之气最粗疏的表现，稍为精密则为日月星宿风雨山川，再稍为精密则为雷电鬼怪草木花卉，再精密而为鸟兽鱼鳖昆虫之类，而最为精密就成为人，最为通灵明敏而为心。所以，没有世间万物就没有天地，没有我们的心就没有世间万物。所以万象万物都是我们的心所成，天地又是万物所成。天地万物，不过是我们心的糟粕。探求至最极致，就会发现天地无心，而以人心为心。

心外无物，心外无理

在阳明看来，心绝不仅止于是一种感性存在，更是以理为内在规定的主体精神，是意义世界存在的依据，天地万物可纳入心中，一切事变的规律和法则也可纳入心中，所以心外无物，心外无理。

很多人刚一听到“心外无物”的时候，往往会觉得匪夷所思。桌子是桌子，电脑是电脑，而且桌子和电脑各有自己的机理，这种理难道不是一种客观存在吗？它怎么能说存在于心里呢？

心外无物是说，心与物同体，物不能离开心而存在，心也不能离开物存在。离却灵明的心，便没有天地鬼神万物；离却天地鬼神万物，也没有灵明的心。从一方面说，灵明的心是天地万物的主宰；从另一方面说，心无体，以感应天地万物之是非为体。

世界对我们呈现出什么样子，取决于我们的心如何感应和呈现。如果执着于功利得失之心，或拘泥于板滞知解之意，那么天地失却生机，生活也就了无意趣。如果消除了得失之心，把握了自得之意，那么无论是在松下泉边还是红尘之中，都不足为累。

黄宗羲说：“天地万物之理，不外于腔子里，故见心之广大。”显然，这些道理只能是存在于我们心中，而不可能存在于物件的身上。这也就是“心外无物，心外无理”。所谓理，便是天地万物一体之理，在对待父母时就反映为孝，在交朋友时就反映为忠与信，在处理事务时就反映为仁义等。心就像树根，所做的事情就像枝叶，树根决定枝叶，而不是相反。

原文

心外无物，心外无事，心外无理，心外无义，心外无善。

——《与王纯甫》

今译

心之外不存在物，心之外不存在事，心之外不存在理，心之外不存在义，心之外不存在善。

身之主宰便是心，意之所发时格物

佛教的《六祖坛经》中有这样一段精辟的譬喻："世人自色身是城，眼耳鼻舌是门。外有五门，内有意门。心是地，性是王；王居心地上。性在王在，性去王无。性在身心存，性去身心坏。"

读完这段，再对比"身之主宰便是心，心之所发便是意，意之本体便是知，知之所在便是物"，我们就会发现两者何其近似乃尔。虽不能断言阳明是在倡扬佛家之理，但他的认识能与被称为"经"的宏论谐同，即可见其思想之成熟。他的用心显然是用此比喻，教学生仿效先圣的思想，必须从自心中返观得自性圣哲，不随境，不攀缘，使五官出五门而于诸外境不染不着，当下即是"良知"。

阳明所有对心物关系的阐述，都是针对宋儒遗留下来的"格物"问题。而"意之所在便是物"的总结，就把事物与人的意念联结起来，进而把"格物"提升为"格心"，也就是要人在心上做格物工夫。

他对徐爱说的一段话中，通过举例形象地阐述了这一问题："比如意在于侍奉双亲，侍奉双亲就是一物，意在于侍奉君王，侍奉君王就是一物，意在于对人亲善对物爱护，对人亲善对物爱护就是一物，意在于看听说动，看听说动就是一物。所以我说没有内心之外的道理，没有内心之外的事情。"

这段话其实是在说明，我们要到具体的每件事情上去锻炼，而不是只悬空想如何提高自己的修养。只有如此，才是致良知的正路。

原文

爱曰："昨闻先生之教。亦影影见得工夫须是如此。今闻此说，益无可疑。爱昨晓思，格物的'物'字，即是'事'字。皆从心上说。"先生曰："然。身之主宰便是心，心之所发便是意。意之本体便是知。意之所在便是物。"

——《传习录·徐爱录》（六）

今译

徐爱说："昨天上课时听先生教导，隐约也觉得格物的工夫就应该像您所说的。现在详细听先生这样一番细加解说，已经越来越没有疑惑了。我昨天早晨想这格物的'物'字，也就是'事'的意思，都是从心上来说的。"阳明说："对！身体的主宰就是心，心有所感便是意，意的本体便是知，意之所在便是物。"

心之本体即天理，无论动静皆泰然

天理两个字，是北宋以来学者最认真探讨的问题。其实说到底，天理只是分善别恶的一个总名，除却分善别恶，也就没有天理可寻。至于善恶的标准，归根结底就在人心的自然灵觉处。所以天理只从人心上发，除却人心也就不见天理。

心之本体即是天理，它昭昭朗朗，只有一个，所以天下人的心之本体都是一致的，无论是圣人与常人、教授与脚夫都是如此。但是在生活中，不同人的表现却千差万别。之所以有分别，全在于机缘环境的不同。如果在天理自然上思考，事事不过分，那么天理自然就是人的规尺；但人们却在心外下工夫，随着眼、耳、鼻、舌、身所感知的外物思虑，又从中生出种种分别，在这些纷繁复杂的分别中无法平静。

据《程子轶事》记载：程颐（北宋理学家）被贬官至涪州（今四川涪陵）途中，渡江至中流时遇上大风大浪，渡船即将翻沉。很多人悲哀号哭，程颐却安坐如常。所幸有惊无险，船最终安全靠岸。这时，一位老人问程颐何以能如此镇定。

程颐回答："没什么，只是心存诚敬罢了。"

老人听了以后对他说："心存诚敬固然很好，但却不如无心。"

心存诚敬，也只不过是用那个诚敬之心来抵挡怕死之心，怕死之心仍然还是潜藏在诚敬的下面。而无心却是真正的定，因为生死是自然的事情，知道这一点也就明白怕也无益，也就不用怕。既然没有了怕心，也自不必再拿诚敬之心来抵御什么，心也就自然安定无事。

人之所以分为三六九等，最核心的一个因素是心体能定的程度：圣人是能定者，君子是求定者，众人是未定者，而小人则是永远流荡不定者。我们在修养工夫上，要以心之定为追求的境界，无论所遇到的境遇动静如何，都能泰然处之。

原文

定者，心之本体，天理也。动静，所遇之时也。

——《传习录·陆澄录》(四一)

今译

定为心之本体，即天理。动与静，只是在不同时间的表现。

如能不动于气，即得天理之静

在谈及心本体的相关问题时，阳明经常采用两分对举的方法，也就是以“理之静”与“气之动”相对，以“心之体”与“意之动”相对、以“性之本体”与“性之发用”相对。有学者指出，不论是理、气，还是心、意，实际上都可归入体与用的范畴，即“理体气用，心体意用”。

在阳明的话语体系中，“理”“心”“性之本体”都是本体的概念，具有内在的一致性。他说“心即性，性即理”。与此相对应，“意”“性之发用”，则是本体落入现实的形态，也就是所谓的“理者气之条理，气者理之运用”。

本体之“理”和“心”都是无善无恶，是廓然大公而又寂然不动的，而作为功用的“气”“意”则是有善有恶的，是感而遂通的。用阳明自己的话说，就是“未发之中，寂然不动之体，而有发皆中节之和，感而遂通之妙矣”。人如果不动于气，自然就能体悟到至善的妙处。

原文

侃去花间草，因曰："天地间何善难培，恶难去？"

先生曰："未培未去耳。"少间，曰："此等看善恶，皆从躯壳起念，便会错。"

侃未达。

曰："天地生意，花草一般。何曾有善恶之分？子欲观花，则以花为善，以草为恶。如欲用草时，复以草为善矣。此等善恶，皆由汝心好恶所生，故知是错。"

曰："然则无善无恶乎？"

曰："无善无恶者理之静，有善有恶者气之动。不动于气，即无善无恶，是至善。"

——《传习录·薛侃录》(一〇一)

今译

薛侃在清除花中草时，顺便问道："为什么天地之间善难培养，恶难铲除？"

先生说："既未培养，也未铲除。"过了片刻，先生说："如此看待善恶，只是从形体上着眼，自然有错。"

薛侃不理解话中之意。先生说："天地化生，如花草一般。何曾有善恶之别？你想赏花，即以花为善，以草为恶。若要利用草时，又以草为善了。这些善恶都是由人心的好恶而产生的，所以从形体上着眼看善恶是错误的。"

薛侃问："岂不是无善无恶了？"

先生说："无善无恶是理之静，有善有恶是因气动而产生的。不为气所动，就是无善无恶，可称至善了。"

心体本无一物，不可执着善恶

初学心学的人，如果不着实用意去向善去恶，就等于说失去了入门下手之处。但是境界有了提升之后，又必须明白心体本无一物。说心体本无一物，是说当我们把心的内容纯净化，把一切念头染着都洗涤去之后，心也就能空荡荡不着一物。那时也就是无善也无恶，一念万念，万念一念。

阳明教人把本体与工夫结合起来："有善有恶"之形下，如果脱离"无善无恶"之形上本体，就容易滋生出伦理至上的绝对主义；反过来，"无善无恶"的形上本体，若脱离"有善有恶"之形下工夫，则易落入伦理虚无主义。

与黄宗羲、李二曲并称"明末三大儒"的孙奇逢，就注意到了这个问题："初学未能合一，须认得本体分明，实实下手作工夫，久之方得融成一片。不睹不闻，人人有此本体，而真实作戒惧工夫，须是至诚至圣之人。无工夫是无本体也。"

阳明一方面认为良知可以知善知恶，格物在于为善去恶，一方面又强调"只是好恶一循于理，不去又着一分意思"。虽然要在意念上为善去恶，然而却不能拘泥于善恶，方能通达无善无恶之心体。

当然，心学与佛学亦皆认为，形下之善恶囿于世间经验而具有相对性，所以不可执着于善恶，而应超越于善恶。阳明对心本体的无善无恶的认识与佛家有极其相近之处，但出发点仍然不同，那就是阳明论述的"无"是建立在安身立命、修齐治平的基础之上的。而佛家的"无"和道家的"虚"，或是以出离苦海，或是以养生为目的，都在本体上加了一些"意思"——刻意和执着于"好善恶恶"，所以是失了虚无本色而成了本体的障碍，不是廓然大公。

原文

守衡再三请。曰：“为学工夫有浅深，初时若不着实用意去好善恶恶，如何能为善去恶？这着实用意便是诚意。然不知心之本体原无一物，一向着意去好善恶恶，便又多了这分意思，便不是廓然大公。《书》所谓‘无有作好作恶’，方是本体。所以说有所忿懥好乐，则不得其正。正心只是诚意工夫。里面体当自家心体，常用鉴空衡平，这便是未发之中。”

——《传习录·薛侃录》(一一九)

今译

守衡再三请教于先生。先生说：“为学的工夫有深有浅，刚开始若不肯专心致志去好善憎恶，又怎么可以为善除恶呢？此专心致志就是诚意。然而，如果不懂得心的本体原无一物，始终执着地去好善憎恶，就又多了这份执着的意思，便不是豁然大公了。《尚书》中所谓的‘无有作好作恶’，方为心之本体。因此说，有所忿懥好乐，心就不能中正。正心就是从诚意工夫中体认承当自己的心体，经常使它如鉴空衡平，这就是未发之中。”

若无真己，便无躯壳

心本体是阳明心学的灵魂。不过，本体论思想在阳明晚年也发生了一次飞跃式的重要变化，即从“至善”的道德本体，发展到“无善无恶”的存在本体。阳明将心之本体扩展为宇宙本体，确立了新的天人关系论，不仅在根本上颠覆了朱熹的理本论大厦，而且超越了一切有限的思维。他所关心的，不再是道德行为的先天依据，而是自我心灵的完全自由。

阳明关于“真己”的思想，不是以抽象的性理，而是以具体的心性为基础的。阳明用一个“真己”来概括心、性，因而在他这里，道德与精神、理性与感性、生命与自然是融为一体的。

在跟从阳明学习的人中，曾经有人因为眼睛生病而忧心忡忡，阳明于是对他说：“你这是以眼睛为贵，而以心为贱啊。”他这里并不是要这人不重视眼睛，而是在批评他因眼睛而干扰心行太过，是一种身心分裂。

原文

所谓汝心，却是那能视、听、言、动的，这个便是性，便是天理自然。有这个性，才能生这性之生理，便谓之仁。这性之生理发在目便会视，发在耳便会听，发在口便会言，发在四肢便会动，都只是那天理发生。以其主宰一身，故谓之心。这心之本体，原只是个天理，原无非礼。这个便是汝之真己，这个真己是躯壳的主宰。若无真己，便无躯壳。真是有之即生，无之即死。汝若真为那个躯壳的己，必须用着这个真己，便须常常保守着这个真己的本体。戒惧不睹，恐惧不闻，惟恐亏损了他一些。才有一毫非礼萌动，便如刀割，如针刺，忍耐不过，必须去了刀，拔了针。这才是有为己之心，方能克己。

——《传习录·薛侃录》(一二二)

今译

所谓真正的心，是那能使你视、听、言、动的“性”，亦即天理。有了这个性，才有了这性的生生不息之理，也就是仁。性的生生之理，显现在眼时便能看，显现在耳时便能听，显现在口时便能说，显现在四肢时便能动，这些都是天理在起作用。因为天理主宰着人的身体，所以又叫心。这心的本体，本来只是一个天理，原本无非礼存在。这就是你真实的自我。它是人的肉体的主宰。如果没有真我，也就没有肉体。确属有了它就生，没有它就死。你若真为了那个肉体的自我，必须依靠这个真我，就需要常存这个真我的本体。做到戒慎于不视，恐惧于不闻，害怕对这个真我的本体有一丝损伤。稍有丝毫的非礼萌生，有如刀剜针刺，不堪忍受，必须扔了刀、拔掉针。如此方是有为己之心，方能克己。

心体即良知，无起无不起

心即理，天理即良知，万物为一体。宇宙万物是无始无终的，根本谈不上开端和终止，所以也是没有开端的。

心学和禅学在讨论到最高的本体（儒家称心、良知，佛家称佛性、真如）时，都认为这本体在没有展开和发用之前，是寂然不动和廓然大公的。唯有如此，它才能是无起无不起，方能是物来顺应，无为无不为的。心本体无为而无不为，无起而无不起，无为和无起是其体，无不为和无不起则是其用。

人的妄念产生甚至糊涂愚昧到极点时，心和良知却仍然是存在的，只是因为人不知存养而不见了。虽然不见了，但本体却并未真的消失，仍然是光明如初，此时只要加以存养体察，就一定能够发现。如果我们通过慢慢存养体察，使自己的心到达一个空无所有的阶段，那也就是世界万物在心中显现无遗的时候。

原文

来信云："良知亦有起处"云云。

此或听之未审。良知者，心之本体，即前所谓恒照者也。心之本体，无起无不起。虽妄念之发，而良知未尝不在。但人不知存，则有时而或放耳。虽昏塞之极，而良知未尝不明，但人不知察，则有时而或蔽耳。虽有时而或放，其体实未尝不在也，存之而已耳。虽有时而或蔽，其体实未尝不明也，察之而已耳。若谓良知亦有起处，则是有时而不在也，非其本体之谓矣。

——《传习录·答陆元静书》(一五二)

今译

来信写道："良知也有开端的地方……"

也许你没有仔细听讲。良知是心的本体，也就是前面说到的恒照。心的本体，无所谓有没有开端。即使妄念产生了，良知依然存在。然而，人若不知存养，有时就会放失了。就是人糊涂闭塞到极点，良知仍旧光明。但是，人不知体察，有时就会被蒙蔽。即使有时放失了，良知的本体并未消失，此时只要存养它就够了。即使有时被蒙蔽，良知的本体仍旧光明，此时只要体察也就够了。如果说良知也有开端的地方，那么，良知有时就不会存在，如此，良知就不为心之本体了。

正心诚意致知格物，本质上都是一件事

有人指出，阳明的“格物”说只是主观意念活动，只能称为“物格”，而不是探索客观事物的“格物”。更有人批评阳明对《大学》“格物”的解释——“使事物各得其正”和“为善去恶是格物”——违背了《大学》以三纲为主体、以八目为工夫的宗旨。

针对这一点，阳明重申以万物为一体的观念，指出心、意、知、物本来就是一个东西，正、诚、致、格也是浑一工夫。他说，身体的主宰为心，心的生发动作为意念，意念的通灵明敏处为能识见的知，意所接触的东西为事物。

所以，工夫就事物而言，我们称其为格，就识见之知而言，称其为致，就意念而言，称其为诚，就心而言，称其为正。也就是说，对应于心、意、知、物各有其工夫，其中虽然有先后的次序，但本质上其实是一回事。也就是说，工夫是合一，不应有内外彼此之分。

原文

夫正心、诚意、致知、格物，皆所以修身；而格物者，其所用力，日可见之地。故格物者，格其心之物也，格其意之物也，格其知之物也。正心者，正其物之心也；诚意者，诚其物之意也；致知者，致其物之知也。此岂有内外彼此之分哉？

——《传习录·答罗整庵少宰书》(一七四)

今译

正心诚意、致知格物，都是为了修身。格物，使人所用的工夫每天有能看见之处。因此，格物是格其心中的物，格其意中的物，格其知中的物。正心，就是正其物的心。诚意，就是诚其物的意。致知，就是致其物的知。这里怎么会有内外彼此的区别？

无心则无身，无身则无心

阳明从来都是将修身与正心结合在一起说，而且十分警惕可能出现的尊奉心之自然而无视修身工夫，甚至随任于简易浅薄之情的倾向。人的意念如果逐物发动的话，往往会失去本体。跟着感觉走，看上去似乎是依于心，却反而不能得真心。

心即理，也就是说心本来就是社会伦理的源泉，是植根于道德的经世之本。如果忽视了这一点，极易导致蔑视道德、淆乱纲纪的恶果。而王学后来的发展流弊，也证实了阳明的担心不是多余的。我们在学习时，如果不能把握修身与正心两种工夫，也可能走入极端。

原文

九川疑曰："物在外，如何与身、心、意、知是一件？"

先生曰："耳、目、口、鼻、四肢，身也，非心安能视、听、言、动？心欲视、听、言、动，无耳、目、口、鼻、四肢亦不能。故无心则无身，无身则无心。但指其充塞处言之谓之身，指其主宰处言之谓之心，指心之发动处谓之意，指意之灵明处谓之知，指意之涉着处谓之物，只是一件。意未有悬空的，必着事物。故欲诚意，则随意所在其事而格之，去其人欲而归于天理，则良知之在此事者，无蔽而得致矣。此便是诚意的工夫。"

——《传习录·陈九川录》(二〇一)

今译

九川疑惑地问："物在外，与身、心、意、知怎会是一回事？"

先生说："耳目口鼻及四肢，是人的身体，若没有心岂能视、听、言、动？心想视、听、言、动，若没有耳目口鼻及四肢也不行。因此讲，没有心就没有身，没有身也就没有心。从它充盈空间上来说称为身，从它主宰上来说称为心，从心的发动上来说称为意，从心的灵明上来说称为知，从意的涉及外来说称为物，都是一回事。意是不能悬的，必须牵涉到事物。所以，要想诚意，就跟随意所在的某件事去'格'，剔除私欲而回归到天理，那么，良知在这件事上，就不会被蒙蔽而能够'致'了。诚意的工夫正在这里。"

善恶之法不放弃，视如幻相莫执着

要理解“知来本无知，觉来本无觉”的微妙，还须结合阳明借用的另一句话“有心俱是实。无心俱是幻；无心俱是实，有心俱是幻”。

这段论述，来自钱德洪在《传习录下》中记载的严滩问答：

先生启程去征讨思恩、田州，钱德洪和王汝中把先生送到严滩（今浙江桐庐县西）。汝中就佛教的实相和幻相的问题请教，阳明说：“有心均为实，无心均为幻。无心均为实，有心均为幻。”

王汝中说：“有心均为实，无心均为幻，是从本体上来说工夫；无心均为实，有心均为幻，是从工夫上来说本体。”

世间善恶乃因缘所起，空无自性，寂而无体，须以智慧时时观照，“虽修众善，心不执着”。阳明直接借用佛教的实相幻相之说，其目的在于告诉弟子，良知的呈现无须理智地分析，更要摆脱支离的解析而直接切入真如境界。

我们的存在或者说生命，是心与物不即不离、缘机呈现的灵动化境，对它的体认不可能是偏执于一边或者是某一种实在的形态，而需要灵觉妙用。因此，善恶之法虽然不可放弃，但它却如幻相，不可执着。

程颢曾经用自身的经历，提醒大家“心中不可有一事”，无论好事还是坏事都不要执着。他在澶州任地方官员时，主持修桥缺少一根长梁，曾向民间广泛征寻了好长时间。后来每当外出，见到林中有好的树木，他就会在心中算计，这木头的长短粗细合不合用。他反思这件事情，告诫后人：“心不可有一事。”

原文

又曰："知来本无知，觉来本无觉。然不知则遂沦理。"

——《传习录·陈九川录》(二一三)

今译

先生接着说："理解了，才明白本无知；感觉了，才明白本无觉。然而，不知就会沉沦埋没。"

万物是良知的发用，求本源于心之感应

阳明认为，心为第一性的，心决定物，物是由心变现出来的。如果无心也就无物，即主张心为物之本原，物由心而生。

要理解这个意思，就牵涉到理气和体用的关系。国学大师钱穆先生有一段话，把这个关系剖析得很明白。他说：一切自然界物质界，苟经人文方面之创造与制作，则一样可以应用理先于气、用先于体之说来说明。如建筑一房屋，不能说先有了门窗墙壁种种体，始合成一房屋之用，其实乃是人心上先有房屋之用一要求，或说人之意象中先存在有一房屋之用，而后房屋之实体乃始出现而完成。一切门窗墙壁，皆在整个房屋之用上有其意义而始得形成。

晚年阳明又总结出良知作为天地造化的精灵，把良知当作和张载所说的“太虚”一样的东西。而且，良知之虚是与天之太虚同体的，凡是有形的万事万物都处于其中，并变成太虚的流行发用，而绝不会成为太虚之障碍。

这一点，与佛教经典《坛经·般若品》中所说的是一致的：“世界虚空，能含万物色相。日月星宿、山河大地、泉源溪涧、草木丛林、恶人善人、恶法善法、天堂地狱、一切大海、须弥诸山，总在空中。”这与阳明的表述不尽相同，但观念却没有任何分歧。

原文

先生曰："仙家说到虚，圣人岂能虚上加得一毫实？佛氏说到无，圣人岂能无上加得一毫有？但仙家说虚从养生上来，佛氏说无从出离生死苦海上来，却于本体上加却这些子意思在，便不是他虚无的本色了，便于本体有障碍。圣人只是还他良知的本色，更不着些子意在。良知之虚，便是天之太虚。良知之无，便是太虚之无形。日、月、风、雷、山、川、民、物，凡有貌象形色，皆在太虚无形中发用流行。未尝作得天的障碍。圣人只得顺其良知之发用，天地万物俱在我良知的发用流行中，何尝又有一物超于良知之外能作得障碍？"

——《传习录·黄省曾录》(二六九)

今译

先生说："仙家讲虚，圣人岂能在虚上再添加分毫的实呢？佛教讲无，圣人岂能在无上再添加分毫的有呢？然而，仙家讲虚是从养生上来说的，佛教讲无是从脱离生死苦海上来说的。他们在本体上又添加这层意思，就不是虚无的本色了，对本体就有所障碍。圣人只是还他一个良知的本色，更不会添加其他的意思。良知之虚就是天之太虚，良知之无就是太虚之无形。日、月、风、雷、山、川、民、物，只要是有相貌形色的，都在太虚无形中发生、运动。从未成为天的障碍。圣人仅是顺应良知的作用，天地万物皆在我良知的范围内运动。又何尝有一物超出良知之外而成为良知的障碍呢？"

天地万物与人原是一体

任何一个人，无论是饱读诗书还是大字不识，他的一言一行都会携带着他所生活的那个时空里的种种记忆和思想，而这些无量无边的积累，也就形成了他的心。我们也可以说，他的心与那个时空中的万事万物都是一体的。

万物一体的思想，是阳明心学与宋代理学的“共法”。追根溯源，它来自于孟子的“万物皆备于我”的理念，宋代程颢主张理学，但对心学的侧重与弟弟程颐不同。他讲过仁与物同体、诚为物之始终、不诚无物等言论，他的那篇《识仁篇》，以“万物一体之仁”为骨干。张载的《西铭》中的四海同胞也属于这一思想的范畴。

而阳明上承孟子，中袭程颢、陆九渊等人的思想脉络，是这一思想的集大成者。他提出“天地万物与人原是一体”的说法，并非仅是形而上的理论，而是他个人生命体证的结果，是他个人体验的观念表达。他体证到天地万物与人为一体，引发的是以天下为己任的担当。

因为人心即是良知，而良知是无论圣愚，天下古今所共通的。只要善致良知，那么自然就善于公是非、同好恶，做到视人如己，视国如家，以天地万物为一体。

原文

朱本思问："人有虚灵，方有良知。若草、木、瓦、石之类，亦有良知否？"

先生曰："人的良知，就是草木瓦石的良知。若草木瓦石无人的良知，不可以为草木瓦石矣。岂惟草木瓦石为然？天地无人的良知，亦不可为天地矣。盖天地万物与人原是一体，其发窍之最精处，是人心一点灵明，风雨露雷，日月星辰，禽兽草木，山川土石，与人原是一体。故五谷禽兽之类皆可以养人，药石之类皆可以疗疾。只为同此一气，故能相通耳。"

——《传习录·黄省曾录》(二七四)

今译

朱本思问："人先有虚明灵觉，而后才有良知。比如草、木、瓦、石之类，也有良知吗？"

先生说："人的良知，也就是草木瓦石的良知。如果草木瓦石没有人的良知，也就不可能成其为草木瓦石了。何止草木瓦石如此？天地如果没有人的良知，也就不可能成其为天地了。天地万物与人原本一体，其最精妙的开窍处是人心的一点灵明，风雨雷电、日月星辰、禽兽草木、山川土石与人原本一体。所以，五谷禽兽等皆可养人，药石之类皆可治病。只因同为一气，所以能够相通。"

此花不在心外，看时方才鲜明

“此花不在你的心外”的回答，乍一看好像是极端的唯心。但其实阳明的真正精神所在，还只在于看与未看，在于心和物的感应。如果没有这一看，不但不见有岩中花树，同时也无从发现此心。我们所认识的世界，作为本心灵觉与物件互融共呈的境象，是“即之而无所，指之而无定，执之而无得”、有无相间、虚实相生的活的灵境。

也正因如此，阳明讲学，时时强调说“必有事焉”，惟其有事，才有心与物可见。看花便是一事，只此一看，便有此心和岩中花树同时分明。不看的话，此花与心同归于寂，又哪里能舍掉视听声色的事物感应，独自有一个心在那里呢？

只有我们看见了花，用自己的心去观照，这花才会鲜明起来。同样的道理，只有我们的心发现了世界，世界才会呈现出各种各样的精彩来。

原文

先生游南镇，一友指岩中花树问曰："天下无心外之物。如此花树，在深山中自开自落，于我心亦何相关？"

先生曰："你未看此花时，此花与汝心同归于寂。你来看此花时，则此花颜色一时明白起来。便知此花不在你的心外。"

——《传习录·黄省曾录》(二七五)

今译

先生游览南镇，一位朋友指着山岩中的花树问："先生认为天下没有心外之物，比如这株花树，它在深山中自开自落，于我心又有何干？"

先生说："你未观赏这树上的花时，此花与你的心同样寂静。你来欣赏这树上的花时，此花颜色就显现出来。由此可知，此花不在你的心外。"

心不是那块血肉，以万物感应为体

天地万物一体之理，究竟应该格之外物呢，还是应该立之于心？这是宋儒（主要是朱陆）争论未决的一个重要问题。

对于心与物的这个争端，阳明讲心理合一，教人从心上下工夫，虽然看上去偏向陆象山，倾向于心的一面。但其实还是折中心物两派，在心与物之间指出一个感应。这不仅表明他别开生面，没有袭用陆象山的套路，更是王学超过陆学的地方。这有点接近胡塞尔的观点：特定的察觉者与察觉物件构成特定的世界具象。

除非是耳聋目盲，人又哪里能够不闻不见？心本无内外，因而我们就必须在事上磨炼做工夫，这是阳明打通心物两端的精神所在，也是他的精一之训。只有天理私欲的分别，没有内心外物的分别，这是王学的高明处。

阳明还曾经清楚明白地指出："心并不是只指哪一块血肉，只要是有知觉处就是心。例如，耳目知道听与看，手脚知道痛与痒。这个知觉就是心。"这也形象地说明了他如何用良知的感应来融通心物，说明天地万物之与我一体。

阳明这里，已经用了《金刚经》中"无所住而生其心"的意思。他之所以并不怕当时严守三教界限的学者质疑，与其说是心胸开放不因人废言，还不如说是他本人对此十分自信才由衷而发。事实上，如果缺少了佛道思想的启发和补充，阳明要立派成说也是不可能的。

原文

又曰："目无体，以万物之色为体；耳无体，以万物之声为体；鼻无体，以万物之臭为体；口无体，以万物之味为体；心无体，以天地万物感应之是非为体。"

——《传习录·黄省曾录》(二七七)

今译

先生又说："眼睛没有本体，它就以万物的颜色作为它的本体；耳朵没有本体，它就以万物的声音作为它的本体；鼻子没有本体，它就以万物的气味作为它的本体；嘴巴没有本体，它就以万物的味道作为它的本体；心没有本体，它就以对天地万物的感应作为它的本体。"

太阳无照无不照，心体无知无不知

日月两轮天地眼，太阳和月亮像人类的两只大眼睛，一只眼白天睁着，一只眼黑夜睁着，两眼都把世界照得亮堂堂。这就是日月无照无不照的本体属性，并不受谁的指使，也没有任何偏见和隐私，也不要求谁去感激它们的恩德。

其实这就是古人追求的理想的处事境界。人的良知一方面是天理，是人的本性；另一方面又是人的昭明灵觉的意识。阳明说："良知是天理之昭明灵觉处，故良知即是天理。"良知是昭明灵觉的意识，因而它是自然明觉，无知无不知的。所谓无知，即是自然，而非有意识地去察知；所谓无不知，即是在任何情况下都能知是非善恶。

那么我们在生活中为何无法达到这种境界呢？阳明指出原因说："良知本无知，今却要有知；本无不知，今却疑有不知；只是信不及耳。"我们之所以有时会感到疑惑，绞尽脑汁也无法发现答案，根本原因还是对于自身良知的信心不足！只要根据自己的良知和所遇到的实际情况，加以变通，就能如《论语》所说的那样"不逆诈，不亿信，而常先觉"。

原文

先生曰："无知无不知，本体原是如此。譬如日未尝有心照物，而自无物不照。无照无不照，原是日的本体。良知本无知，今却要有知。本无不知，今却疑有不知。只是信不及耳。"

——《传习录·黄省曾录》(二八二)

今译

先生说："本体原本就是无知无不知的。这好比太阳，它未尝有意去照射宇宙间万物，但又无物不照射。无照无不照原本就是太阳的本体。良知本来是无知的，如今却要它有知，良知本来是无不知的，如今却怀疑它有不知。这些只因不能完全相信良知罢了。"

无善无恶心之体，统摄超越万物

无善无恶心之体，是阳明四句教的第一句。

阳明先生晚年，以四句话作为良知学说的提要，并在远赴广西平叛的前夜，于天泉桥给钱德洪、王畿两人作了解说。人们把四句提要称为“四句教”，将这次论学命名为“天泉论道”。

这句话曾经引起很大争议。明代大儒刘宗周和黄宗羲等人则认为，四句教并非阳明所言，而是王畿等门人杜撰；而东林派批评四句教是禅学思想，空谈心性而堕于虚寂，不是儒学正宗。

不过，我们综观阳明思想，四句教不仅不是阳明门人所杜撰的，而且首句中“无善无恶”的思想更是符合儒家一贯宗旨的，是宋儒把性分为天命之性和气质之性的二元论的发展。

“无善无恶心之体”中的“无”，并非是指虚无，而是指无具体事物（扫除诸相）。从这个意义上说，它又是一个没有具体之物与之相对应的“有”，虽然没有具体之物，却有生生不息之仁和不为具体事物所障蔽的至善。这一至善周流无碍，如太虚无形，没有什么东西可以成为其障碍。我们可以说它是有而无、无而有的，这是阳明的圆融。阳明弟子钱德洪对此说得十分透彻：“人之心体一也，指名善可也，曰至善无恶亦可也，曰无善无恶亦可也。”（《明儒学案》卷十一）

而恰恰是心体之“无善无恶”，揭示了我们在世间安身立命的根基。正因为心体周流不息，含摄了善恶万物却又超越于具体事物的因缘相生之上，才使我们能够格物致知，纠正意念、事物、知见之妄。

佛家也认同心本体的无善无恶，但阳明认为，佛教只是关注于形上本体而脱离于世间生活（虽然佛教核心义理并非如此），儒家是将此本体流注于世间生活，去做裁成辅相的工作，真正做到了形上与形下之贯通。所以，“无善无恶心之体”之后还有三句，共同构成四句教：无善无恶心之体，有善有恶意之动，知善知恶是良知，为善去恶是格物。

原文

无善无恶是心之体，有善有恶是意之动，知善知恶是良知，为善去恶是格物。

——《传习录·黄省曾录》（三一五）

今译

无善无恶是心之体，有善有恶是意之动，知善知恶是良知，为善去恶是格物。

第七章

莫让私欲
遮蔽良知的镜子

只要心如明镜，不怕不能照物

镜子能用来照自己或照外物，我们的精神活动，概括起来不外乎反观自照与外照世间，因此以镜子来比喻反观内心与澄心外照，几乎是古今中外哲学的共法。

唐代宗密大师说："真心本体有二种用：一者自性本用，二者随缘应用。犹如铜镜，铜之质是自性体，铜之明是自性用。明所现影是随缘用，影即对缘方现，现有千差。明即自性常明，明唯一味。"我们从阳明的论说中，可以发现他对这一观念的化用。

阳明提倡心的觉照，也就是在待人接物时念念不忘观心省察，心要如明镜高悬一般，事到临头时保持一份清醒，反映事物的美丑是非。但要做到这一点，要像镜子那样虚明。我们需要担心的，只是自己的心无法虚明如镜，而不用担心它不能反映事物的变化。

那么，如何在平时保持觉照呢？关键在于磨镜而非照物。

心体对万物的觉照能力如同镜子，但要使它一直明亮如初，就牵涉到人的变化气质，牵涉到整个人格的培育问题，不仅要痛下刮磨之功，有时甚至需要将镜子重新铸造一番。对此，阳明也说："心体本来很明洁，但有时被物欲遮蔽，就像镜子被尘垢掩盖一样。这时，可以用药物来擦拭。如果原来的镜子本身夹杂了铅锡等杂物，即使药物擦拭也不明净，就需要重新铸造过。"

原文

问："圣人应变不穷，莫亦是预先讲求否？"

先生曰："如何讲求得许多？圣人之心如明镜，只是一个明，则随感而应，无物不照，未有已往之形尚在、未照之形先具者。……只怕镜不明，不怕物来不能照。讲求事变亦是照时事，然学者却须先有个明的工夫。"

——《传习录·陆澄录》(二一)

今译

陆澄问："圣人的应变能力无穷无尽，莫非是他们预先探究准备好了？"

先生说："怎么能探究准备那么多呢？圣人的心就像是明亮的镜子，只因为它很明亮，所以能够随感触而应变自如，没有什么东西不能照的，不可能先前所照的物像还在镜子里，没有照过的物像已经预先出现在镜子上。……就怕镜子不明亮，不怕它不能照所遇之物。探究事物的变化，也是用镜子照时事，然而学者必须先下工夫使自己的心如明镜。"

良知与情感交融，不执着也不排斥

阳明所讲的事上磨炼，也只是磨炼自己的喜怒哀乐。换句话说，便是自己良知的感应。

在朱熹等理学家那儿，“天理”凌驾于个人情感因素之上，是一种与情感截然对立的外在标准和要求。但是阳明所提出的“良知”，却是一种善恶未分融为一体的道德本体，自身就内含着情感因素。良知和情感，是一个内在的、相互联系地交融在一起的整体：良知虽不滞于喜怒忧惧，而喜怒忧惧亦不外于良知也。这种廓然大公、物来顺应的精神，与禅宗如鸟行空、似影涉水的说法亦十分接近。

良知是人人具有的先天道德准则，是者它必然是之、非者它必然非之，善者它必然善之、恶者它必然恶之。这就是良知的所谓未发之“中”的状态。但是，人的七情六欲也是良知的规定，所以良知必然发用为七情六欲，实际上良知也只能从七情六欲中展现。

依照中国人的观念，情和欲又是截然不同的。一心追求未知未来的是欲，而留恋怀念过去的是情，不惜牺牲过去来满足未来的是欲，宁愿牺牲未来来迁就过去的是情。中国人重情不重欲，从民族性格上已可见一斑。

我们调节自己的喜怒哀乐，使其恰到好处，不要过分。人的感情有一个未发之中和发而中节之礼，这种中和状态，便是阳明的所谓心体。顺应这一良知之“中”而用“情”，则七情无往而不合于天理；人顺此良知之“中”而“致知”，则事事物物莫不各得其理。人即是与良知一体之人，人之“视”“听”“言”“动”莫不是良知的发用流行；而由与良知合一之人所观察到的世界，莫不是良知发用流行的世界。

原文

来书云："尝试于心，喜、怒、忧、惧之感发也，虽动气之极，而吾心良知一觉，即罔然消阻，或遏于初，或制于中，或悔于后。然则良知常若居优闲无事之地而为之主，于喜、怒、忧、惧若不与焉者，何欤？"

知此，则知"未发之中""寂然不动"之体，而有发而中节之和、感而遂通之妙矣。然谓"良知常若居于优闲无事之地"，语尚有病。盖良知虽不滞于喜、怒、忧、惧，而喜、怒、忧、惧亦不外于良知也。

——《传习录·答陆原静书》(一五八)

今译

你信中说："我曾经在心中尝试过，喜怒忧惧的感情发生时，即使特别生气，但是只要我们心中良心发现，就会慢慢缓和消解，或者把它遏止在最初发生时，或者在发作的过程中制止，或者在发生后才悔悟。但是良知好像经常在悠闲无事的地方主宰着人的感情，与喜怒忧惧好像没有任何关系，这是为什么？"

你明白这一点，就能认识"未发之中""寂然不动"的本体了，就能体悟到发而中节之和、感应相通的奇妙了。但是说"良知经常在悠闲无事的地方"，这话有毛病。良知虽然不会滞留于喜怒忧惧的感情之中，但喜怒忧惧也不会存在于良知之外。

良知如镜不留染，情顺万事而无情

镜子之为镜子，正在其能应物不藏这一性能上面。心之虚明清净，亦正在其能随感而应、应而中节、应后不留之能力上面。

阳明认为，人之所以不能摆脱情感的束缚，主要原因并不是因为人有情感，而在于"心累于物"，也就是对未来常怀忧虑，对过去常怀追悔，人也自然被情感所缠绕、所黏滞。无论发生什么事情，"七情不可有所着"，也就是应该像镜子一样，事情发生就自然照见，当喜则喜，当怒则怒，事情过去也不会留下任何影子。

这样一来，任何的好乐、忿懥、忧患、恐惧情感，对于心来说就会像浮云漂在空中一样，虽然也会生生灭灭，但是却不会形成困扰和负累，自然也就没有害处。对于这一点，其实朱熹也曾经有所发挥：人心如一个镜，先未有一个影像，有事物来，方始照见妍丑。若先有一个影像在里，如何照得？人心本是湛然虚明，事物之来，随感而应，自然见得高下轻重。事过便当依前恁地虚，方得。（《朱子语类》卷十六）

这一方法，也是继承了程颢《定性书》所说："天地之常，以其心普万物而无心，圣人之常，以其情顺万物而无情。"说无情，并非没有情感，而是没有为"我"所染着之情，是有情而不为情所累。

原文

圣人致知之功，至诚无息。其良知之体，皦如明镜，略无纤翳，妍媸之来，随物见形，而明镜曾无留染，所谓“情顺万事而无情”也。“无所住而生其心”，佛氏曾有是言，未为非也。明镜之应物，妍者妍，媸者媸，一照而皆真，即是“生其心”处。妍者妍，媸者媸，一过而不留，即是“无所住”处。

——《传习录·答陆原静书》(一六七)

今译

圣人致知的工夫，就是至诚不息。圣人良知的本体，皎洁得像明亮的镜子一样，没有一丝一毫的纤尘沾染，美丑随时都可以在镜子中现出原形，而明镜却不受丝毫污染，这就是所谓的“情顺万事而无情”。“无所住而生其心”，佛家曾经这样说，并没有错。明镜照物，美就是美，丑就是丑，一照就知道真相，这就是“生其心”的地方。美就是美，丑就是丑，照过后镜子里什么也不会留下，这就是“无所住”。

良知不滞于见闻，而亦不离于见闻

“致良知”，其实是阳明将《大学》的“致知”与《孟子》的“良知”两个观点结合而来的新命题。在《大学》里，修身、齐家、治国、平天下的话被演绎为“格物、致知、诚意、正心”的修养活动，而“格物”是身心修养的首要环节。

日常生活中的见闻酬酢，虽然千头万绪，也无一不是良知的作用与流行。离开了见闻酬酢，也就没办法致良知了。因此，良知与见闻即为一件事。

良知是上天赋予人心的，人人具有的。当它最初处于本然状态时，亘万古、塞宇宙，廓然大公，寂然不动，是一种没有任何排斥与对立的无善无恶的本体。

阳明弟子钱德洪就这个意思解释说：“明不可先有色，聪不可先有声。目无一色，故能尽万物之色。耳无一声，故能尽万物之声。心无一善，故能尽天下万事之善。”也正因此，良知才既不会被见闻所缠绕，也绝没有排除见闻的作用和影响。

原文

良知不由见闻而有，而见闻莫非良知之用。故良知不滞于见闻，而亦不离于见闻。孔子云：“吾有知乎哉？无知也。”良知之外，别无知矣。故致良知是学问大头脑，是圣人教人第一义。今云专求之见闻之末，则是失却头脑，而已落在第二义矣。近时同志中，盖已莫不知有致良知之说，然其工夫尚多鹘突者，正是欠此一问。大抵学问工夫只要主意头脑是当。若主意头脑专以致良知为事，则凡多闻多见，莫非致良知之功。

——《传习录·答欧阳崇一》(一六八)

今译

良知并不是从见闻上产生的，而见闻都是良知的作用。因此，良知不局限于见闻，但也离不开见闻。孔子说：“吾有知乎哉？无知也。”良知以外，再别无他知。所以，致良知是做学问的关键，是圣人教人诲人的第一要义。如今说，只在见闻的细枝末节上寻求，那就失去了主宰，寻求的只是次要问题了。近来，同志们没有不知道致良知的，但他们的工夫仍有许多糊涂之处，正是因为缺少你的这一疑问。一般而言，学问的工夫关键是要抓住核心问题。若专把致良知看成最关键的事情，那么，多闻多见无不为致良知的工夫。

思想是邪是正，无法瞒过良知

荀子曾经说：心是形体的统帅，是精神的主宰；它是发布命令的机关。它是自我限制，自我指使；自我裁夺，自我求取；自我主动，自我休止。它认为是的就接纳，它认为非的就拒绝。

之所以如此，是因为良知是人自天承受而来，是本然之善，生而具有知道恻隐、羞恶、恭敬、是非的能力。正如阳明所说：你的那一点良知，正是你自己的行为准则。你的意念所到之处，正确的它就知道正确，错误的就知道错误，不可能有丝毫的隐瞒。

阳明五十三岁时，绍兴知府南大吉以门生的身份经常来请教学问。大吉性格豪放旷达不拘小节，有一次问阳明："大吉处理政务有很多过错，先生你为什么对此没有一句话呢？"

阳明问："你有什么过错呢？"

大吉就将过错一件一件地列举出来。阳明说："我已经说了。"

大吉不解，阳明说："我不说，你通过什么知道的呢？"

大吉说："良知。"

阳明说："良知不就是我经常说的吗？"

大吉笑着告辞离去。过了几天，又更加密集地一件一件地列举自己的过错，并且说："与其犯了过错之后悔改，还不如事先说好不犯过错为好。"阳明说："别人的话不如自我反省来得更真切。"

原文

“思曰睿，睿作圣。”“心之官则思，思则得之。”思其可少乎？沉空守寂，与安排思索，正是自私用智，其为丧失良知一也。良知是天理之昭明灵觉处，故良知即是天理，思是良知之发用。若是良知发用之思，则所思莫非天理矣。良知发用之思，自然明白简易，良知亦自能知得。若是私意安排之思，自是纷纭劳扰，良知亦自会分别得。盖思之是非邪正，良知无有不自知者。所以认贼作子，正为致知之学不明，不知在良知上体认之耳。

——《传习录·答欧阳崇一》（一六九）

今译

“思曰睿，睿作圣。”“心之官则思，思则得之。”可见，思怎么会没有呢？死守空寂与安排思考，正是自私弄智，它们同样都丢弃了良知。良知是天理的昭明灵觉所在，因此，良知就是天理，思是良知的作用。如果思是从良知上产生的，那么，所思的也不过是天理。从良知上产生的思，自然简易明白。良知自然也就能够知道。凭私意安排的思，自然是纷纭繁扰，良知自然能够分辨。因而思的是非正邪，良知没有不知道的。之所以会认贼作子，正是由于还不理解致良知的学问，不懂得从良知上去体认、观察。

不欺人则能察觉人欺，若自信则一切明晓

“自诚明，谓之性；自明诚，谓之教。诚则明矣，明则诚矣”，是一段出自《中庸》的名言，指出了诚在自我修养与教化中的作用。而阳明上面这句话，则辩证地指出了“明”与“诚”在生活中相生相成的关系。

中国自古以来都推崇睿智明达，并把这样的人当作圣人。所谓睿智明达，是从事物萌动而推知并引导全局的智，就像镜子一下照见前面的所有事物。阳明所说的良知，有这种本领。所以，揣摩人情而必中的苏秦、张仪之智，也能见得良知之妙用，只不过用于不善的事情上罢了。王龙溪说，阳明在平定宁王之乱中用的兵法，也是现成的良知之妙用(《王龙溪全集》卷十三，《读先师再报海日翁吉安起兵序》)。

一个人如果能内心至诚，仰无愧于天，俯不怍于地，自然会了解社会人生的道理，做起事情来就会“不思而得，从容中道”，在为人处世时持中、稳健、理性、包容而不会为人所欺骗，他就是“自诚明”的人，可以说天生具有“诚”的慧根，这使他在处理事务时不会偏颇，总能发现事物本质，抓住问题的关键。

明诚相生，因此人自然就能够常觉常照，不欺人，不自欺。所以当事情发生时会一眼发现它的真相。这就是古人所谓的“易以知险，简以知阻”，以及子思所谓的“至诚如神，可以前知”。因此，至诚就会“无知而无不知”，而不必说“可以前知”了。

原文

明、诚相生，是故良知常觉、常照。常觉、常照则如明镜之悬，而物之来者自不能遁其妍媸矣。何者？不欺而诚，则无所容其欺，苟有欺焉而觉矣。自信而明，则无所容其不信，苟不信焉而觉矣。

——《传习录·答欧阳崇一》(一七一)

今译

明和诚彼此促进，因此良知能常觉、常照。常觉、常照就仿佛明镜高悬，任何事物在明镜前不能隐藏其美丑。什么原因呢？因为良知没有欺骗而诚信，也就不能宽待别人的欺骗，若有欺骗就能觉察。良知自信而光明，也就不能容忍不诚信，如果有不诚信存在就能觉察。

良知当下具足，不离日常行为

两千三百年前，孟子开良知说之滥觞："人之所不学而能者，其良能也，所不虑而知者，其良知也，孩提之童无不爱其亲者，及其长也，无不知敬其兄也。"他认为人具有一种不学不虑便天然具有的意识，叫作良知。所以称为良知，是因为这种意识是善的、是先于人的经验而存在的。

阳明的良知说也继承了这一观念，主张无绝对、无理智、无造作的直观领悟。他说过："良知只是一个随地发见流行处，当下具足，更无去来，不须假借。"但他提倡良知现成，无非是为了直下知体，从而得学之头脑，并以此救正工夫的支离外求之弊。

同时，阳明讲良知现成，也是力戒使之陷于悬空的，因此他强调了在日常生活的发用流行上体悟，即实悟的重要性："绵绵圣学已千年，两字良知是口传。欲识浑沦无斧凿，须从规矩出方圆。不离日用常行内，直造先天未画前。"

原文

良知只是一个，随他发见流行处，当下具足，更无去来，不须假借。然其发见流行处，却自有轻重厚薄，毫发不容增减者，所谓天然自有之中也。虽则轻重厚薄，毫发不容增减，而原又只是一个。虽则只是一个，而其间轻重厚薄，又毫发不容增减。若可得增减，若须假借，即已非其真诚恻怛之本体矣。此良知之妙用所以无方体，无穷尽，“语大天下莫能载，语小天下莫能破”者也。

——《传习录·答聂文蔚》(一八九)

今译

良知只是一个，随着良知的显现和作用，它本身就是完善的，不用再去寻求，也不用到别处转借。然而，良知的显现与作用处，自然有重轻厚薄的区别，不容丝毫的增减。这正是程颐所谓的“天然自有之中”。其中的重轻厚薄虽不容增减分毫，但良知本体只是一个。虽本体只是一个，但其中的重轻厚薄又不容增减分毫。若能增减，能求借，也就不是真诚恳切的本体了。之所以良知的妙用无方位、无形体，无穷无尽，“语大天下莫能载，语小天下莫能破”，其原因正在此。

心体只有一个，部分即是全体

阳明把人心看成高天和深渊：“心之本体无所不该，原是一个天；心之理无穷尽，原是一个渊。”这是对《中庸》中“溥博如天，渊泉如渊”的解释。

为了说明全体与一节的统一，他打了个比方说：我们现在所见的天是明朗的天，在四周所见的天也仍是这明朗的天。只因为有许多房子墙壁阻挡了，就看不到天的全貌。若将房子墙壁全部拆除，就总是一个天了。不能以为眼前的天是明朗的天，而外面的天就不是明朗的天了。从此处可以看出，部分的知也就是全体的知，全体的知也就是部分的知。知的本体始终是一个。

在这里，他所讲的观念，已经很接近德国哲学家卡尔·希欧多尔·雅斯贝尔斯的“大全”，也就是超越所有被规定的界限，囊括所有未呈现的存在；“当我给我自己照亮了大全这个无所不包的空间时，我仿佛把围绕着我的黑暗的牢狱墙壁变换成了透明的，我瞭望到了远方，一切存在着的东西都能呈现在我的当前……”（雅斯贝尔斯：《生存哲学》）

原文

黄以方问：“先生格致之说，随时格物以致其知，则知是一节之知，非全体之知也。何以到得‘溥博如天，渊泉如渊’地位？”

先生曰：“人心是天、渊。心之本体，无所不该，原是一个天。只为私欲障碍，则天之本体失了。心之理无穷尽，原是一个渊，只为私欲窒塞，则渊之本体失了。如今念念致良知，将此障碍窒塞一齐去尽，则本体已复，便是天、渊了。”

乃指天以示之曰：“比如面前见天，是昭昭之天；四外见天，也只是昭昭之天，只为许多房子墙壁遮蔽，便不见天之全体，若撤去房子墙壁，总是一个天矣。不可道眼前天是昭昭之天，外面又不是昭昭之天也。于此便见一节之知即全体之知，全体之知即一节之知，总是一个本体。”

——《传习录·黄直录》(二二二)

今译

黄以方问：“先生的‘格物’‘致知’的学说，随时格物来致良知，那么良知是一部分的良知，不是全体的良知，怎么能达到‘溥博如天，渊泉如渊’的地步呢？”

先生说：“人心是天，是深渊。心的本体无所不包，原本就是一个天，只是被私欲阻碍，则天的本体就迷失了。心中的道理无穷尽，原本是个深渊，只因为私欲的阻塞，深渊的本体才迷失了。如今念念不忘致良知，将这些障碍、阻塞一起去掉，本体才能恢复，就仍是天和渊了。”

先生就指着天启示他说：“比如眼前看见的天，是晴朗的天，在四方之外看到的天，也是晴朗的天，只是由于许多房子墙壁遮掩，就看不见天的全部，若是撤去房子墙壁，总还是一个天。不可以说眼前的天是晴朗的天，外面的天就不是晴朗的天。由此可见，部分的良知就是全体的良知，全体的良知也就是部分的良知，都是一个良知的本体。”

如果违了天理，便与禽兽无异

在生命价值这个问题上，儒家主张立足现实生活，以“立德”“立功”“立言”为途径，追求成就完美人格。这一主张，显然是将生命统御在人生价值的追求下。孔子说：“无以求生以害仁，有杀生以成仁”；孟子说：“生，亦我所欲也，义，亦我所欲也，二者不可得兼，舍生而取义也。”

阳明继承了儒家的生死价值观，强调精神价值的重要性，更加看重心灵而不是人身，认为心灵更加接近道之本体。而人们意识不到这一点，在生命与人的精神追求发生矛盾时，往往为了保存身家性命而违天理。如果为了保身全生而背道害理，则与禽兽无异。阳明门人南大吉在为《传习录》所写的序中说：“失其性而不知求，舍其道而不知修，斯人也，日入于禽兽之归而莫之知也。”这句话可以与本节合参。

阳明自己在龙场悟道之前也曾有过这样的经历，当时，阳明“自计得失荣辱皆能超脱，惟生死一念尚觉未化”。阳明是九死一生，才悟得了儒家对生死的真正理解。要真正做到不从躯壳上起念，不仅仅要超脱一切声利嗜好，最为关键的就是要勘破生死，以实现真正的自由。阳明说：“学问工夫，于一切声利嗜好俱能脱落殆尽。尚有一种生死念头毫发挂带，便于全体有未融释处。人于生死念头，本从生身命根上带来，故不易去。若于此处见得破，透得过，此心全体方是流行无碍，方是尽性至命之学。”

原文

问“志士仁人”章。

先生曰：“只为世上人都把生身命子看得太重，不问当死不当死，定要宛转委曲保全，以此把天理却丢去了，忍心害理，何者不为。若违了天理，便与禽兽无异，便偷生在世上百千年，也不过做了千百年的禽兽。学者要于此等处看得明白。比干、龙逢，只为他看得分明，所以能成就得他的仁。”

——《传习录·黄省曾录》(二五四)

今译

有人就《论语》“志士仁人章”请教于先生。

先生说：“只因世人将性命看得过重，也不问是否能死，一定要委曲地保全性命，因而丧失了天理。忍心伤害天理，还有什么事干不出来？若违背了天理，就与禽兽无异了。即便在世上苟且偷生成百上千年，也不过做了成百上千年的禽兽。作为学者，必须在这些地方看清楚。比干、龙逢，只因他们看得清楚，因此，他们能成就他们的仁。”

静处体悟以收心，事上磨炼去私欲

阳明的格物学问，目的就是“去心之不正而全其本体之正”。对于当时惯于辞章记诵的人来说，不仅难以理解，更苦于不知从何入手。

因此，阳明提供了一种静处体悟加以事上磨炼的修学方法。所谓静处体悟，就是静坐澄心，反观内省，从而去除一切私虑杂念，体认本心。这是阳明对董仲舒“内视反听”与陆九渊“自存本心”思想的继承与发展，同时也受到了禅宗“明心见性”思想的影响。“事上磨炼”是指通过“声色货利”这些日常事务，去体认“良知”。

由静坐而悟心体的方法，不是以坐禅入定为目的，而是因为当时学者不知学诸己，要用静坐而收敛放心的工夫来弥补。然而，阳明并未以此为究竟，而是以此为“方便”，因为静坐收心，无非是因看到当时末俗之学的卑污，而以高明一路来开导和接引，说到底无非是救正时弊。

同时，静坐很容易使人以感受状态为开悟，从而流入空虚，又容易产生追求新奇的弊害，所以，后来阳明又专提廓清心体和去除私欲的实践工夫，不仅使性体的识悟涵养避免上述弊端，也能在从事记诵辞章讲说等现实工作时，排除以私欲为目的的功利念头。这样，不论是静处体悟还是事上磨炼，都能做到良知明白。

原文

先生曰："良知是造化的精灵。这些精灵，生天生地，成鬼成帝，皆从此出，真是与物无对。人若复得他完完全全，无少亏欠，自不觉手舞足蹈，不知天地间更有何乐可代？"

一友静坐有见，驰问先生。

答曰："吾昔居滁时，见诸生多务知解，口耳异同，无益于得，姑教之静坐。一时窥见光景，颇收近效。久之，渐有喜静厌动，流入枯槁之病。或务为玄解妙觉，动人听闻。故迩来只说致良知。良知明白，随你去静处体悟也好，随你去事上磨炼也好。良知本体原是无动无静的。此便是学问头脑。我这个话头，自滁州到今，亦较过几番。只是致良知三字无病。"

——《传习录·黄省曾录》(二六二)

今译

先生说："良知是造化的精灵。这些精灵，产生了天和地，造就了鬼神和上帝，所有一切都由它产生，任何事物都不可与它相比。人若能彻底恢复良知，无一丝缺陷，自然就会手舞足蹈，天地间不知还有什么乐趣可以取代它？"

有位朋友在静坐中有所领悟，于是跑去请教于先生。

先生说："我从前住在滁州时，学生们十分重视在知识见闻上辩论，我认为这对学问没有大的帮助，于是就教他们静坐。一时在静中也略有所悟，并有一些近效。时间一久，逐渐产生了喜静厌动、陷入枯槁的毛病。有的人专注于玄妙的解释和感觉，借以耸人听闻。因此，我近来只说致良知。理解了良知，任你去静处体悟、去事上磨炼都可以。良知的本体原本无动静之分，这正是学问的关键。针对这个问题，从在滁州时到现在，我经过再三思索，发觉只有'致良知'这三个字没有问题。"

当下心收摄一切，便能一了百了

佛教经典《金刚经》中说："过去心不可得，现在心不可得，未来心不可得。"这是把过去心、现在心、未来心都认作妄心。

而在儒家传承中，却十分重视当下的现在心，《易经·系辞传》中说"君子见几而作，不俟终日"，否定的是"俟终日"的未来心，而重视"见几而作"的当下心。

阳明继承了儒学不说空而讲定、不说无而讲诚的传统，指出"前知的心"是自私用智的私心，而"知得现在的几"，是把过去心和未来心统统都收摄在当下，一了百了，这也就达到了禅宗里"慧能无伎俩，不断百思想"的境界。他所强调的，是"缘机体认"的工夫，也就是在具体境遇中的灵明照觉。"缘机"就是"知几"，就是在具体情境中随机感发，触缘应物。物不是现成的物，心也不是定格的心，心随物感，境缘心起，两者在当下相生相发，相感互呈。

阳明擒拿叛王朱宸濠后，当即上书奏捷，并准备亲自押送至京，以此阻止武宗朱厚照南下。他知道江西已是兵灾加水灾，再来许泰、张忠、江彬一批权奸率领大军干扰，那就是雪上加霜。可是大军继续南下，阳明就决定经浙江走海道由天津入京，不料海运已封。

此时，坐镇杭州的是朱厚照的亲信张永，于是阳明将俘获交付给他。此时，阳明还不知关于他要叛乱的谣言已经满天飞，他的老家已被监视，江西的部下已被严刑拷打，用以罗织叛乱罪名，他只想直见朱厚照讲清事实。朱厚照也命王阳明晋见，可许泰等人暗中设计拦阻。

此时，阳明心地明亮，上九华山在文殊洞静坐。许泰等人说王守仁上九华是玩阴谋诡计，张永则说今后天下有难谁敢受命，朱厚照最终一锤定音："王守仁学道人也，召之即至，安得反乎？"

从这段惊心动魄的经历，我们可以理解"圣人只是知几，遇变而通"确是阳明心传。

原文

或问至诚前知。先生曰："诚是实理，只是一个良知。实理之妙用流行就是神，其萌动处就是几，诚神几曰圣人。圣人不贵前知。祸福之来，虽圣人有所不免。圣人只是知几，遇变而通耳。良知无前后，只知得见在的几，便是一了百了。若有个前知的心，就是私心，就有趋避利害的意。邵子必于前知，终是利害心未尽处。"

——《传习录·黄省曾录》(二八一)

今译

有人就《中庸》上的"至诚前知"请教于先生。先生说："诚是实理，只是一个良知。实理产生的奇妙作用就是神，它的萌发处就是几，具备诚神几的人叫圣人。圣人对预知不怎么重视。祸福降临，即便圣人也在所难免。圣人只知晓契机，善于应付各种变化。良知无前后之分。只要能知晓现在的契机，就能一了百了。若有一个预知的心，就为私心，即是趋利避害的意思。邵雍一定要预先知道一切，就是因为他那趋利避害的私心没有彻底铲除。"

七情自然流动，一执着便成私欲

理与欲的问题，向来是宋明儒家受人诟病的地方。只一句“存天理灭人欲”，就引起了很多误解。其实，他们不是要消灭一切人的欲望。他们以为凡合乎天理的善欲，比如吃饭穿衣和夫妻之道，是人人都该有的中。所谓合乎天理，是符合人的天性自然而不违社会公理，是正义的好欲；只有那些不合乎天理自然、违背社会公德的恶欲，比如山珍海味和三妻四妾，才在消灭之列。

阳明提出的良知是一种明确的道德感知，它是与人的好恶之情浑然一体的，并不排斥情感。人的情感是供良知使用的，情感顺其自然地流露，都是良知在起作用，但是如果受到外物的刺激，情感便会转变为私欲、物欲，就会遮蔽良知。

宋代程颢在《定性书》上曾经说：人的各种情绪中，最容易发作而最难克制的莫过于愤怒了。原因就在于，我们在发怒时，不能立刻忘掉怒意去思考其中的是非道理。如果能做到，就可以知道引起愤怒的外界因缘不值得去憎恨，自然也就不会发怒了。做到这一点，对于大道也领悟大半了。

阳明将良知喻日，七情喻云。云为天象之自然，不能教天不生云，只能顺其自然之流行。只有太阳，才能使云开。一旦人发觉良知为七情所蔽，则要用良知的力量才能拨云见日。也就是程颢所说的搞清楚引发情绪的因缘。只要存天理，就能去除私欲，心境自然平顺。

原文

问："知譬日，欲譬云。云虽能蔽日，亦是天之一气合有的，欲亦莫非人心合有否？"

先生曰："喜、怒、哀、惧、爱、恶、欲，谓之七情，七者俱是人心合有的。但要认得良知明白。比如日光，亦不可指着方所。一隙通明，皆是日光所在。虽云雾四塞，太虚中色象可辨，亦是日光不灭处。不可以云能蔽日，教天不要生云。七情顺其自然之流行，皆是良知之用，不可分别善恶。但不可有所着。七情有着，俱谓之欲，俱为良知之蔽。然才有着时，良知亦自会觉。觉即蔽去，复其体矣。此处能勘得破，方是简易透彻工夫。"

——《传习录·黄省曾录》(二九〇)

今译

有人问："良知仿佛太阳，私欲仿佛浮云。浮云虽能遮挡太阳，然而也是天上的气应该有的，私欲也是人心中应该有的吗？"

先生说："喜怒哀惧爱恶欲，人称七情，七情都是人心应该有的，但是需要将良知理解清楚。例如阳光，它不能总停留在一处。无论何处，只要有一线光明，就全是阳光所在处。天空即便布满云雾，只要太虚中还能分辨颜色和形式，均为阳光不灭处。不能仅因为云能遮日，就要求天不产生云。七情顺其自然地流露，都是良知在起作用，善恶不能用它来区分。但是又不能太执着。执着，七情就都称为欲，都是遮蔽良知的。当然，稍有执着，良知就会发觉。发觉了就会克除遮蔽，恢复本体了。能在此处识得破，看得清，才是简易透彻之工夫。"

千圣皆过影，良知乃吾师

“千圣过影”的说法，来自阳明嘉靖六年(1527)征思田途中所作的《长生》诗，所谓“千圣皆过影，良知乃吾师”。年谱上说，阳明五十岁才开始以致良知作为教导学生的主要法门。

他自经宸濠忠泰之变，益信良知与足以忘患难，出生死，乃遗书邹守益说：“近来信得致良知三字，真圣门正法眼藏在此。往年尚疑未尽，今日多事以来，只此良知，无不具足。譬之操舟得舵，平澜浅濑，无不如意，虽遇颠风逆浪，舵柄在手，可免沉溺之患矣。”

如果以良知为师，就如同《阴符经》所说的那样，似乎是“宇宙在乎手，万化生乎身，千圣亦皆隐其影”！如果说在阳明那儿，对良知的信仰还只是初露端倪的话，到了他的大弟子王龙溪那里，就显露为其立教说法的重要组成部分了，成为反复言及的话题了。

万历五年(1577)闰八月，王龙溪已届八十高龄，他与张元忭、邓以赞、罗万化等人聚会会稽龙南庵，对良知进行了如下描绘：“天是积聚的气体，地是积聚的土块，一切圣人是掠过的影子。气体间或会弥散，土块间或会消尽，影子间或会灭失，似乎都不是终极的东西。我所信仰的，只是心中一念灵明。一念灵明，从混沌中建立根基，静专动直，静翕动辟，从此而生出天地人和万物，就是《易经》上说的大生广生、生生不息。”

他在这里明确提出，天地以及以往的圣人，都并非终极意义上的永恒实在，只有作为一念灵明的良知，才是宇宙万物终极的创造根源，是可以托付的终极实在。

原文

乾坤由我在，安用他求为？
千圣皆过影，良知乃吾师。

——《长生》

今译

世界是因我感知而存在，何必向外去探求？千圣皆是过往的幻影，良知才是我真正的老师。

心体本自弘毅，莫让私欲蔽累

孔子的弟子曾参曾经说："士不可以不弘毅，任重而道远。仁以为己任，不亦重乎！死而后已，不亦远乎！"人心胸不宽广就不能担负重大使命，意志不坚强就不能胜任遥远的路程。

阳明在《答王虎谷》的信中，对"弘毅"也有很精辟的论述。他认为，人之所以不弘毅，那是因为蔽于私利私欲，被私见私智之用所妨碍而失其心之流通，其结果，骨肉也成了仇敌，天下祸乱也就永无止息之时了。

明人张岱在《四书遇》中引阳明的朋友湛甘泉的话进行旁证。他指出："今人只为一切担子累得此身重了，故不能任。凡要胜任，先须减担减得尽，则任可胜矣。"也就是说，人一旦有私名私利之累和生死之忧，仁民爱物的道义责任也就没力量再承担了。

明正德十一年(1516)七月，阳明受命前往赣南平乱，他的同事王思舆说："他此行必定会建立极大的功勋。"阳明的学生季本问："你是凭什么如此说呢?"王思舆感叹地说："我用各种言语试探，根本无法触动他。"事实证明了王思舆的判断：阳明不久就平定了暴乱。

与阳明形成对比的，有另外一位古人。公元前七〇三年春，楚国莫敖屈瑕率军出发去攻罗国。大夫斗伯看到后，建议楚王增加军队，他说："你看他那副趾高气扬的样子，还能冷静地、正确地指挥作战吗?"但楚王没答应。屈瑕到了前线，下令军中"敢谏者处以极刑"。结果，楚军一战即溃，屈瑕孤身逃到荒谷，自缢而亡。

原文

心体本自弘毅，不弘者蔽之也，不毅者累之也。故烛理明则私欲自不能蔽累；私欲不能蔽累，则自无不弘毅矣。弘非有所扩而大之也，毅非有所作而强之也，盖本分之内，不加毫末焉。

——《答王虎谷》

今译

本体原本就是宽宏坚毅的，心中不宽宏的人因为其心灵被外欲所遮蔽，行事不坚毅的人会被外物所牵引。所以心性的清明就会使心灵无法被私欲遮蔽和牵引；不被私欲遮蔽和牵引，就没有不能做到弘毅的了。弘并不是要刻意地去宽阔心胸，毅并非是刻意地不被外物所牵引，因为这都是因清明的心性所自然而然产生的状态，没有一丝一毫的刻意增减。

第八章

发掘我们
心灵的直觉力

理表现在哪里，就在哪里用功

阳明的实践精神是十分强烈的，他在认同理学“存天理、去私欲”的基础上，既反对把道德变成僵死的教条，高悬“天理”以束缚人，也反对在这种束缚下言行脱节的行为。他主张唤醒人们的内在“良知”，将道德由外在强制转化成为人们的内在自觉。

关于“理”的说法，儒家众说纷纭。朱熹把理和太极同视为绝对本体，说“太极只是一个理字”。相比之下，阳明的诠释更浅显：“‘理’之发见可见者谓之‘文’，‘文’之隐微不可见者谓之‘理’，只是一物。”

他还指出，“理”和“礼”是同一件事，要使心纯粹为一个天理，就必须在理表现出来的地方下工夫。比如表现在侍奉双亲上，就在侍奉双亲上学习存养天理；表现在辅佐君王上，就在辅佐君王上学习存养天理；表现在身处富贵贫贱上时，就在富贵贫贱上学习存养天理；表现在身处患难、陷入夷狄之邦时，就在患难中、夷狄之邦学习存养天理。至于是行动还是停止、说话还是沉默，无不是这个道理，随时在发现它的地方学习存养天理。

实际上，阳明的所谓知行合一，暗含了宋代理学传下来的一个敬字；致良知虽然是通过心灵直觉体认这种玄妙本体的过程，但也贴合了宋儒常讲的一个义字。宋儒所谓敬义夹持、明诚两进的路子，不过是被阳明用良知化为一体了。

原文

爱问："先生以'博文'为'约礼'工夫，深思之，未能得，略请开示。"

先生曰："'礼'字即是'理'字。'理'之发见可见者谓之'文'，'文'之隐微不可见者谓之'理'，只是一物。'约礼'只是要此心纯是一个天理。要此心纯是天理，须就'理'之发见处用功。"

——《传习录·徐爱录》(九)

今译

徐爱问："先生说'博文'为'约礼'之工夫，我思虑再三始不能解，请您不吝赐教。"

先生说："'礼'即'理'。'理'显示可见的为'文'，'文'隐蔽不能见的为'理'，原本是一物。'约礼'仅要己心完全是一个天理。要己心纯为天理，务须在'理'的显示处苦下工夫。"

专一与精深一体，节制流荡人心

《古文尚书·虞书·大禹谟》记载有虞氏（舜）传位给大禹时，告诫大禹的话说："人心惟危，道心惟微，惟精惟一，允执厥中。"这四句话，在儒家文化中被称为"十六字心传"。这段话的意思是：人心难易其诡变，道心难得其真，求真须精纯和专一，治世贵在守中固善。

人心之危，是易于失中，道心之微，是难于识中，因此都应该择中而守之，将易于流荡的人心加以节制，将难于体验的道心加以扩充，那么，就能回复"中"的本然之性。

"精"字偏旁是米，要让米干净洁白，是专一的意思，但是如果没有舂簸筛拣的工夫，米就不能干净洁白。舂簸筛拣，是让米精纯的工夫，但也不过是为了让米干净洁白而已。所以阳明才说：专一是精深的主意，精深是专一的工夫。只有精通圣哲的经典，上述先贤的天理，并以此去教化人民，才能使人心一致，国家统一，社会进步。

原文

问："惟精惟一，是如何用功"？

先生曰："惟一是惟精主意，惟精是惟一工夫。非惟精之外复有惟一也。"

——《传习录·陆澄录》(二五)

今译

陆澄问："惟精惟一，应当如何用功？"

先生说："惟一是惟精的意念，惟精是惟一的表现行为，不是说惟精的外面又出现了一个什么惟一。"

安于自身条件，不可武断追求

陆澄曾经举子路、曾皙、冉有、公西华四个人各言其志的故事，向阳明请教："孔门弟子共聚一堂，畅谈志向。子路、冉求想主持政事，公西赤想主管礼乐，多多少少还有点实际用处。而曾皙所说的，似乎是消闲玩耍之类的事，却得到孔圣人的称许，这是怎么回事？"

阳明解释说，那是因为子路、冉求、公西赤有"意必"。所谓"意必"，就是在本应如此之上添上个人的主观意思。《论语・子罕篇》曾有"子绝四：毋意，毋必，毋固，毋我"。意思是孔子绝对不犯四种毛病，做到不凭空臆测、不绝对肯定、不固执己见、不主观武断。

传统的中国人不主张为达成某个未来目标而奋斗，而是主张安命：自己有什么样的性格才能，在什么环境和位置，就做那个条件和位置上应该做的事情，一切言行都顺应本应如此的"理"。现代有人宣扬"偏执狂才能成功"，这样的成功也许带来很大的功名事业，但却不知道它对于身心生命又有何意义，能否抵消偏执所带来的伤害。

冯友兰说，人生不是下象棋，一目了然，而是搓麻将，不知下哪一张牌。因而唯变所适，对谁都是人生艺术。唯变所适，就是对毋意、毋必、毋固、毋我的最好解读。

心体、性体、道体均非定体，是需要在境域中随机应变、化入澄明的活体或活境。因此，无论是教人成才还是论学治文，都要在活的情境中随机成就或体认，若执定任何一边，都是偏差。不好的念头固然会使良知无法自然呈现，而粘着于哪怕是自认不错的念头想法，同样也会陷于"理障"，使良知不能起作用。因此正确的做法是

“还他良知的本色，更不着些子意在”。

从阳明的《答罗整庵少宰书》，也可以看出他毫无“意必”执着，只是以拳拳之心争取理解。十多年后，阳明的灵柩路过吉安，罗整庵以致仕尚书的身份和年老之身，率兄弟前往螺川驿祭奠。由此也可见阳明人格的感召力。

原文

曰：“三子是有意必，有意必便偏着一边，能此未必能彼。曾点这意思却无意必，便是‘素其位而行，不愿乎其外，素夷狄行乎夷狄，素患难行乎患难，无入而不自得’矣。”

——《传习录·陆澄录》(二九)

今译

先生说：“其他三个人的志向都有点主观猜测、武断绝对，有了这两种倾向，就会偏执一边，能做这未必能做那。曾皙的志向却没有这两种倾向，只是‘安于现在的条件而行事，不做超出条件的事，身在夷狄，就做在夷狄能行的事，身处患难，就做在患难中能行的事，随着时间和地理位置的改变而改变自己，这样无论在什么情况下都能怡然自得’。”

心性上用功勘破，事理一览无遗

人性论是中国哲学史上一个古老的问题，也是宋明理学的重要问题。程颐和朱熹以“理”为出发点，主张性即理，把人和物都从这里推出来构成体系。这个“理”不仅是自然界的本质，是万物生成和运动的根源，同时也是最高的真理和道德准则。

阳明则以人为世界的中心，以“心即理”为逻辑起点，把天地万物都从这里推出去形成体系。这其实是合天道于人性，无形中降低了“天”的地位，把“天命”与“人性”浑为一体了。

他指出心本体即性，不仅恻隐、羞恶、辞让、是非之四端，即使仁义礼智之四德，也都只是性在道德方面的表现。人只要在心性上用功勘破，那么一切事变规律自然也就能一览无遗。

原文

曰："人只要在性上用功，看得一性字分明，即万理灿然。"

——《传习录·陆澄录》(三八)

今译

先生说："人只要在性上做工夫，把'性'字认识清楚了，那么，天下万理皆通。"

荡涤一应私心，避免偏倚染着

在天理和私欲的问题上，阳明认为私欲也存在于心中，不在心外。良知就是天理，是人心的一点“灵明”，是人人皆有的，是评价是非、善恶的道德标准。只要在“一念发动处”去克制消除“私欲”，就是应该做的修养工夫。

《雪涛谐史》记载了一个阳明门人罗念庵的掌故，从中可以反映阳明这一观念的影响。

罗念庵考中状元后，常常面有喜色，经年不去。不过幸运的是，罗念庵有一个低调而有智慧的老婆。老婆问他：“状元几年出一个？”他说：“三年才有一个。”老婆说：“既然是这样，天底下状元又不是只有你一个，你为什么要没完没了地欢喜呢？”接下来，罗念庵十分惭愧地对别人说：“十年来我心里也不能排遣掉‘状元’二字。”

对于扫除的次第和方法，阳明也有论述。有人问他：“良知恐怕也存在于声色货利之中。这种观点对吗？”阳明回答说：“当然，但初学用功时，对自己的内心必须进行扫除荡涤，使它臻于清静澄明的境界，不要让自己的心陷入声色货利等东西之中，它们来了既不欢迎，去了也不留恋、惋惜，这样才能坦然对待所遇到的各种事物，才不会成为心灵上的负担，自然就会依顺自己本来的智慧去应对。”

钱穆先生指出，要荡涤扫除，要无染着，无偏倚，要此心廓然毫无留滞，这是北宋以来相传变化气质的真工夫，也是宋明理学的真血脉，阳明只是传统中一个克家的肖子，并不曾变换了祖宗的家风。非从此出，便认不得良知、了解不得阳明，也配不上讲究理学的意义。

原文

（陆澄）曰："偏倚是有所染着。如着在好色、好利、好名等项上，方见得偏倚。若未发时，美色名利皆未相看。何以便知其有所偏倚？"

曰："虽未相看，然平日好色、好利、好名之心，原未尝无。既未尝无，即谓之有。既谓之有，则亦不可谓无偏倚。譬之病疟之人，虽有时不发，而病根原不曾除，则亦不得谓之无病之人矣。须是平日好色、好利、好名等项一应私心，扫除荡涤，无复纤毫留滞。而此心全然廓然，纯是天理，方可谓之喜怒哀乐未发之中，方是天下之大本。"

——《传习录·陆澄录》（七六）

今译

陆澄问："偏倚有所污染，比如在好色、贪利、慕名等方面有所染，方可看出偏倚。如果心未萌发，美色、名位、利益都未显现，又怎么知道有所偏倚呢？"

先生说："虽未显现，但平素好色、贪利、慕名之心并非没有。既然不是没有，就称作有，既然是有，就不能说无所偏倚。好比某人患了疟疾，虽有时不犯病，但病根没有拔除，也就不能说他是健康之人。必须把平素的好色、贪利、慕名之私欲统统清理干净，不得有纤毫遗留，使此心彻底纯洁空明，完全是天理，才可以叫作喜怒哀乐未发之中，方为天下之大本也。"

从已发之意下手，回复心体之正

阳明所说“修身是已发边，正心是未发边。心正则中，身修则和”是指出《大学》中为学次第的正心与修身各自的用力处，正心指的是未发前思虑、意念未萌发的状态，当意念萌发后，便须以修身（格物、致知、诚意）来回复心体之正。

以未发和已发论心意的状态，阳明并不是第一人。朱熹以未发为心之体，已发为心之用；未发前意念未萌，所以要戒慎恐惧以涵养，已发之后谨独，去察识意念。

但是阳明认为此法不够直截明确，未发前不从意上如实去好善恶恶，却从已成形之念头下手，有舍简从繁的缺失。再者，若未发之中，心体廓然无私，则存之以戒惧，无意以行之，戒惧之功，可能会流于空泛。所以他指出正心虽是未发边，还需要从已发之意下手。

原文

工夫难处，全在“格物致知”上。此即诚意之事，意既诚，大段心亦自正，身亦自修。但正心、修身工夫亦各有用力处。修身是已发边，正心是未发边。心正则中，身修则和。

——《传习录·陆澄录》(八八)

今译

工夫的难点，全在格物致知上。这实际上也就是诚意的事，意只要诚了，心大多也能正，身也就能修。但是正心、修身的工夫也各有各的用力之处。修身是就已发之处用功，正心是就未发之处用功。心正了，就是未发之中，身修了，就是发而中节之和。

循理便是善，动气便是恶

阳明把除草比作惩恶，把养花比作扬善。其实花与草本为自然中物，与天地同生共养，并没有什么善恶可言，善恶起于人的心念，遵循天理，心念不起，则无善恶分别，视天地为一体；为心念起处，为气所动，动则生恶。

天地万物的本身也没有善恶之说，一个事物的善恶全在一个人的本心。然而心会动气。一旦动气，那么万事万物就会被划分成“善恶”两边。佛教禅宗初代祖师达摩的《少室六门集》中，有一段话与阳明意旨十分吻合：“凡夫一向生心，名为有；小乘一向灭心，名为无；菩萨与佛未曾生心，未曾灭心，名为非有非无心；非有非无心，此名为中道。”

阳明教我们追寻的，也正是这样一种中和之道：不生念，不起意，不造业，不动气。

原文

曰："去草如何是一循于理，不着意思？"

曰："草有妨碍，理亦宜去，去之而已。偶未即去，亦不累心。若着了一分意思，即心体便有贻累，便有许多动气处。"

曰："然则善恶全不在物。"

曰："只在汝心，循理便是善，动气便是恶。"

曰："毕竟物无善恶。"

曰："在心如此，在物亦然。世儒惟不如此，舍心逐物，将格物之学错看了，终日驰求于外，只做得个'义袭而取'，终身行不着，习不察。"

——《传习录・薛侃录》(一〇一)

今译

薛侃问："除草时，如何全凭天理而别无他意呢？"

先生说："草有所妨碍，应该拔除，就要拔除。有时虽没有拔除干净，也不放在心上。如果在意的话，便会成为心体上的累赘，便会为气所动。"

薛侃说："如此说来，善恶全然与物无关了。"

先生说："善恶自在你心中，遵循天理即为善，为气所动即为恶。"

薛侃说："物的本身毕竟没有善恶。"

先生说："在心如此，在物亦如此。世上儒者只是不懂这一点，舍心逐物，把格物之学认错了。成天向外寻求，只做得一个'义袭而取'，终身仅是行而不明，习而不察。"

灌溉天理之根，刈除习气杂草

在儒家思想体系里，“忠恕”是仁在现实社会生活中的实际运用，是一种在处理人与人关系时的方法策略。

在《论语·里仁》里记载，孔子对曾子说：“曾子呵，我的思想始终有一个核心贯穿其中。”曾子也回答说：“是，我知道了。”然后孔子就出去了。待孔子离开后，有人问曾子：“老夫子所说的是什么意思？”曾子解释说：“老夫子思想的核心，其实只是‘忠恕’而已。”

朱熹认为，曾子虽然在实践上做得很好，但是在理论上的修养还没有突破，只是知道“用”却不知道“体”。阳明直截了当地反驳了这种观点，他认为曾子的“三省”，既有道的“用”又有道的“体”，已经是不偏不倚，可以谓之“中”了。

关于这个问题，阳明的朋友湛若水指出，立志、煎销习气、体认天理这三句话是最重要的，但说起来只是一件事：心本来是一个好心，本是完完全全不待外求，只在于人能不能立志。志就如草木的根，包含无限生机，体认天理就如培植灌溉根，而煎销习气则如同刈除杂草来保护根。贯通起来，也就只是一件事。

原文

先生曰:“一贯是夫子见曾子未得用功之要,故告之。学者果能忠恕上用功,岂不是一贯?‘一’如树之根本,‘贯’如树之枝叶。未种根,何枝叶之可得?体用一源,体未立,用安从生?谓‘曾子于其用处,盖已随事精察而力行之。但未知其体之一’。此恐未尽。”

——《传习录·薛侃录》(一一二)

今译

先生说:“‘一以贯之’是孔子看到曾子没有掌握用功的要领,所以才告诉他的。学者果真能在忠恕上下工夫,难道不是‘一以贯之’吗?‘一’如同树的根,‘贯’如同树的枝叶。没有种根,哪有枝叶?体和用同源,体没有立存,用从哪来?朱熹说‘曾参对于心的运用,已经可以在事情上精确体察并付诸实践了,只是他还不知道心的本体和运用是同源的’。这样说恐怕不全面。”

随事致其良知，必能聪明坚强

“虽愚必明，虽柔必强”出自《中庸》，全句是：人一能之，己百之；人十能之，己千之。果能此道矣，虽愚必明，虽柔必强。

道德的本质在心无私欲之蔽，而不在外在的表现。不过在诚心的前提下，事物的知识作为道德判断与实践的依据，仍有工具性的意义，只是必须以不待外求的道德心为第一义。

这里所发的议论，实际上是阳明针对学者质疑的答辩。顾东桥以阳明专求诸心，脱略事为，将无法应变，而阳明以为良知先觉，正所以应变，并斥责饰外遗内造成的道德灾难，这就是著名的拔本塞源论。

阳明说：心之良知是圣，圣人之学只不过是致此良知而已，而自然地致此良知者即圣人，勉强致此良知者是贤人，蔽昧而不致此良知者是愚不肖。愚不肖虽是蔽昧之人，但因良知是原来就具有的，故若善于引发的话，那就与圣人无异了。

原文

区区论致知格物，正所以穷理，未尝戒人穷理，使之深居端坐而一无所事也。若谓即物穷理，如前所云务外而遗内者，则有所不可耳。昏暗之士，果能随事随物精察此心之天理，以致其本然之良知，则虽愚必明，虽柔必强。

——《传习录·答顾东桥书》(一三七)

今译

我说格物致知，正是为了穷尽天理，并没有告诫别人去穷尽天理，而让他深居端坐，一无所事。若把即物穷理讲成是如前所述，重视外在知识，忽略内心修养，那也是错误的。懵懂之人，若果真能在事物中省察人心的天理，发现本有的良知，那么，愚蠢也会变得聪明，柔弱也会变得刚强。

良知应对事务，事务即是修身

对孔子“吾道一以贯之”的说法，曾子解释为“夫子之道，忠恕而已矣”。相比而言，前者形而上得多，自然也抽象得多。

在阳明先生眼里，一以贯之的“道”和具体修心标准的“忠恕”是一个东西。事实上，在这个世界上，又哪有不食人间烟火、不近世态人情的“道”呢？

曾经有一属官听阳明讲学后说，此学虽好，只是我要处理的公务繁难，没办法为学。阳明说：“我并不是要你抛弃公务去为学。你既然有公事，就从公事上为学，这才是真格物。比如断案，不能因为打官司的人说话不流畅就起怒心，也不能因为说话委婉动听就起喜心；不能因为自己事务繁忙就随意判决、应付，也不能因为外在的毁誉就随人意见予以处理。这种种意思都是私心，只有你自己知道，必须精细省察克治，不使此心有一毫偏倚，这就是格物。要知道，讼狱的公务，就是实学，就是锻炼自己的心性之处。如果离开事上磨炼，就是着空、漫无边际。”

宁可不去处理事情，也不可不去培养本源，这句话对初学者来说也不无裨益。但是阳明认为，把处理事情和培养本源看作两件事就有了问题，因为君子之学终身只是“集义”这一件事。义者，宜也，心得其宜之谓义。对于那些事务缠身而苦于没有时间修身的朋友来说，上面的话堪称是对症良方。

原文

所说工夫，就道通分上也只是如此用，然未免有出入在。凡人为学，终身只为这一事，自少至老，自朝至暮，不论有事无事，只是做得这一件，所谓“必有事焉”者也。若说“宁不了事，不可不加培养”，却是尚为两事也。“必有事焉而勿忘勿助”，事物之来，但尽吾心之良知以应之，所谓“忠恕违道不远”矣。

——《传习录·答周道通书》（一四七）

今译

所说的工夫，就你的天分上来说就是这样下，但是难免还有些出入。凡是做学问，一辈子也就为这一件事，从少到老，从早到晚，不管有事没事，只要做这一件事就行了，这就是“必有事焉”。如果说“宁肯不做事，也不能不培养本体”，就是尚且把做事与培养本体看作两件事了。孟子说“必有事焉而勿忘勿助”，有事情发生，只要尽我们的本心上的良知去处理就行了，这就是“忠恕违道不远”。凡是处理事情有好有不好，以及有困扰和混沌的担心，都是被毁誉得失所牵累，不能真正地致自己的良知罢了。

千变万化一切事，为求自慊致良知

孟子提出一句“必有事焉”，因其所指含糊，千载之下引无数学者文人莫衷一是，言论纷纷。而阳明以“集义”（做适当的事）解释“必有事焉”，被公认最称善解。

在他这里，“事”的概念都是秉承孟子的。“事”显然包括道德活动本身和以道德为目的的认知活动，但阳明又有所发挥。在阳明看来，一切不符合天理良知的思虑想法和行为，也是“事”。但是“必有事”则只有一件，那就是“致良知”。

抓住了这一点，在生活中就可以循着自然的节律，按照心中的良知，以心中良知之“宜”为“宜”，参赞化育，提挈自我，上承个体生命之道，下开人文化成之日常人生。行则悠然旷达，止则平和息止。生则刚健挺拔，死则自然宁静。

千变万化的一应事件，都只是致良知自求满足而已。做事就是致良知，致良知就是做事。那些谋求力所不及的东西，勉强去做自己无法完成的事，都不在此列。或者觉得有矛盾、有冲突，不论是立意舍良知而成事，还是宁可不做事也不舍良知，也必定是私欲在作祟。

原文

孟子言“必有事焉”，则君子之学终身只是“集义”一事。义者宜也，心得其宜之谓义。能致良知则心得其宜矣，故“集义”亦只是致良知。君子之酬酢万变，当行则行，当止则止，当生则生，当死则死，斟酌调停，无非是致其良知，以求自慊而已。

——《传习录·答欧阳崇一》(一七〇)

今译

孟子说：“必有事焉”，那么，“集义”就成为君子做学问一生的事情了。义，即为宜，心做到它应当做的叫作义。能够致良知，那么心就能做它该做的事。所以，集义就是致良知。君子酬酢万变，应该做的就去做，应该停的就停下，应该生的就生存，应该死的就死去，如此调停斟酌，只不过是致良知以自我满足罢了。

不求料事如神，若求即是私欲

逆和亿，出自《论语·宪问》："子曰：'不逆诈，不亿不信，抑亦先觉者，是贤乎！'"

逆，还没有到就去迎接的意思。别人未必会欺骗我，我却先入为主认为有诈，就是"逆诈"；亿通臆，也就是还没见着就进行臆测。别人未必不相信我，我却先防备他可能不相信我，就是"亿不信"。

我不会臆测别人是否骗我或者不信任我，但假如真是这样，我也能预先察觉，这就是我的明察。怀疑是因为不能明察，如果我能明察，自然就不生疑心，这才是贤。

圣人不追求前知，贵前知者是私心。在阳明看来，如果追求提前预知，就是功利之心。

宋儒邵雍曾说过一则故事：京城曾有一位道人，每天在一家酒店喝酒，醉了常告诉别人："今日某人会来。"果然就说对了。其他事情也都能言中。有人问他是用什么方法预测的？他回答说："无心罢了。""没有心，怎么能学呢？""你刚一说要学无心，就已经有心了。"

那么不追求预先知道，又如何应对问题呢？孔子曾经说："我事先知道所有问题的答案吗？我不知道。有从偏远地方来的人，向我询问答案的时候，他内心空空，一无所知，我从他的问题的两端反过来叩问他，一步步地问到底，就得到最恰当的答案了。"

孔子能够如此，普通人同样可以，只要依靠良知。良知的本体就如日月一般的明智，对世间万物无知无不知，但所知皆在良知之中。

原文

来书又有云:“人情机诈百出,御之以不疑,往往为所欺;觉则自入于逆亿。夫逆诈即诈也,亿不信即非信也,为人欺又非觉也。不逆不亿而常先觉,其惟良知莹彻乎?然而出入毫忽之间,背觉合诈者多矣。”

……盖良知之在人心,亘万古,塞宇宙,而无不同,不虑而知,恒易以知险,不学而能,恒简以知阻,先天而天不违,天且不违,而况于人乎?况于鬼神乎?夫谓背觉合诈者,是虽不逆人而或未能无自欺也,虽不亿人而或未能果自信也,是或常有求先觉之心,而未能常自觉也。常有求先觉之心,即已流于逆亿而足以自蔽其良知矣;此背觉合诈之所以未免也。

——《传习录·答欧阳崇一》(一七一)

今译

你信中说:“人情诡诈多变,如果用诚信抵御它,常常会被它欺骗,想发现他人是否诡诈,自己就会预先怀疑别人是否诚信。逆诈就是欺诈;臆不信就是不诚信;被人欺骗又不觉悟。不事先怀疑别人的欺诈和不诚实,而往往能先察觉,这只有良知晶莹透彻的人才能做到吧?然而欺诈和诚信看起来差别甚微,因此不觉悟和欺诈不实的人都很多。”

良知在人的心中,横亘万古、充塞宇宙都是相同的。所以古人说“不虑而知”“恒易以知险”“不学而能”“恒简以知阻”“先天而不违。天且不违,而况于人乎?况于鬼神乎?”那些“不觉悟和欺诈不实”的人,虽然不猜度别人是否欺诈,但他们也许会有自我欺诈;虽然不去猜想别人是否诚信,但他们也许不能真有自信。这使他们常常有寻求先觉的心,而却不能常常自我觉悟。常有探求先觉的心,就会沦落为事先怀疑别人欺诈和猜想别人不诚实的人,而这足以蒙蔽他们的良知。这就是不觉悟和欺诈不实不能避免的缘故。

从孝敬父母开始，学问工夫打成一片

阳明先生的心学以“良知”为最高之根本，其学问又讲“致良知”，这一“致”字，既是学问，亦是工夫。其“知行合一”的教法更是指出学问工夫须打成一片、圆融不二的津梁。

在传统文化体系中，孝是居于核心地位的一个概念，几乎等同于西方宗教的地位，所谓“以孝立国”“百善孝为先”都是这种观念的体现。“孝弟为仁之本”，是说一切的秩序和道德也都不过是孝悌的外延罢了，所以称它是“仁道的根本”。

儒家认为，仁爱是天地造化生生不息的一种规律，虽然弥漫于宇宙之中，无处不在，但归根结底却是一个渐渐生长的过程，所以才能生生不息。就像每年十一月冬至的一阳初动，一直到来年四月谷雨的六阳生发，都是从初级到高级，从一才能走到六。阴气也是如此。只有渐渐发生，所以必然要有一个发端处。

孝悌是父子兄弟姐妹的人伦之爱，也正是生命的发端处，如同树木发芽。从这里开始发展至仁爱众生，泽及万物，便是抽枝生叶。也正因如此，阳明才把孝悌工夫视作根本法门，拿来应对一应事项。

他指出，由孝敬自己的父母开始，去孝敬别人的父母，进而去孝敬天下人的父母，因为自己的父母、别人的父母乃至天下人的父母实际上是一体的。就是说，明德是爱己，是立人之体；亲民是爱人，是达人之用，就是推我之明德于人。

原文

盖天下之事虽千变万化，至于不可穷诘，而但惟致此事亲从兄一念真诚恻怛之良知以应之，则更无有遗缺渗漏者，正谓其只有此一个良知故也。事亲从兄一念良知之外，更无有良知可致得者，故曰："尧舜之道，孝弟而已矣。"此所以为"惟精惟一"之学，放之四海而皆准，"施诸后世而无朝夕"者也。

——《传习录·答聂文蔚》(一九〇)

今译

天下的事情虽然千变万化，以至于不可穷尽，但是只要用侍奉父母、尊敬兄长的真诚恻隐的良知去应付，那么就不会有什么遗漏缺失，这正是只有一个良知的缘故。侍奉父母、尊敬兄长的良知之外，再也没有别的良知可以致了，所以孟子说："尧舜之道，孝弟而已矣。"这就是所谓的"惟精惟一"的学问，放之四海而皆准，后世要推行它也都能适用。

实实落落依良知，便能着稳当快乐

阳明强调知行合一，认为是非善恶的道德知觉（良知），是与好恶之情浑然一体的。也就是说，良知行为也就是好善、恶恶之情，只要坦诚地好恶便可以尽了是非，这就是《大学》中所谓的“自慊”（自足自快）。

不过，其中如果人只以好恶为判断是非的标准，就有可能陷入主观性而丧失乃至否定客观性。反过来，如果只根据超越好恶的理之静来判断，又可能会为了保持客观性，而使自身的心体血脉性命变得支离破碎。

虽然离了好恶之情就不会有道德的法则、判断和知觉，但我们并不能认为好恶之情是判断是非的安易途径，更不能跟着感觉走。阳明正是出于这种权衡，才提倡致良知，指出我们的道德法则（理）以自然明觉发现为体，是一个不欺不妄的真诚恻怛。

原文

庚辰往虔州再见先生，问：“近来工夫虽若稍知头脑，然难寻个稳当快乐处。”

先生曰：“尔却去心上寻个天理。此正所谓理障。此间有个诀窍。”

曰：“请问如何？”

曰：“只是致知。”

曰："如何致知。"

曰："尔那一点良知，是尔自家底准则。尔意念着处，他是便知是，非便知非，更瞒他一些不得。尔只不要欺他，实实落落依着他做去，善便存，恶便去，他这里何等稳当快乐。此便是格物的真诀，致知的实功。若不靠着这些真机，如何去格物？我亦近年体贴出来如此分明，初犹疑只依他恐有不足，精细看，无些小欠阙。"

——《传习录·陈九川录》(二〇六)

今译

明正德十五年(1520)，在虔州，九川再次见到先生。九川问："最近，虽略微掌握些工夫要领，但想寻找到一个稳当快乐的地方，倒十分困难。"

先生说："你正是要到心上去寻找一个天理，这就是所谓的'理障'。此间有一个诀窍。"

九川问："诀窍？请问是什么？"

先生说："它是致知。"

九川问："如何致知？"

先生说："你的那点良知，正是你自己的行为准则。你的意念所到之处，正确的就知道正确，错误的就知道错误，不可能有丝毫的隐瞒。只要你不去欺骗良知，真真切切地依循着良知去做，如此就能存善，如此就能除恶。此处是何等的稳当快乐！这些就是格物的真正秘诀，致知的实在工夫。若不仰仗这些真机，如何去格物？关于这点，我也是近年才领悟得如此清楚明白的。一开始，我还怀疑仅凭良知肯定会有不足，但经过仔细体会，自然会感觉到没有一丝缺陷。"

终身专一于治本，胜过事物上寻讨

朱熹认为，一草一木皆含有至理，但是事物的实在本体并非人心能够领会的，要体悟和证明到，一是所谓的格物，即“凡天下之物而格之，至乎其极”，这样用归纳法便可以体证万物一体之理。

但是人要认识宇宙世界，如果打一个比方的话，就好比是一只萤火虫飞在黑夜中的无边旷野上，它所发出的光，最多只能照见它旁边的尺寸之地，稍远就已完全无法看到。要用真实的格物方法来证明天地万物与我一体，实在不是件容易的事。

其实，朱熹也反对在事事物物的细节上做没有条理的探寻，他指出，格物致知的主要内容是“内事”，即“穷天理，明人伦，讲圣言，通世故”，而不是“外事”，即自然界的客观规律：“为此学而不穷天理、明人伦、讲圣言、通世故，乃兀然存心于一草一木器用之间，此是何学问？如此而望有所得，是炊沙而欲其成饭也。”

不过，他认为格物致知另外还有一条较易较近的路，就是读书信古。圣贤说的话一定不错，我们只要信了他，便不必亲自去格物。他并不放心人的心能体悟真理，若是“以意谓之”，便是空虚的和危险的。他认为一定要从外面格物上切实地研求，否则不如信从古人的说话，也是个简便的门道。

而阳明认为，前人虽如此这般地说过，却不一定是真实的，只有心体验到如此，才是真的。阳明从千死万难中体悟出良知，“致良知”实际上是一种修养，终身专一于治本，而不是就事论事的遇一标治一标。终身于治本（致良知），如常青之树，而遇一标治一标（格物），就像无根之树。这个比喻可说是再恰当不过的。

原文

先生曰："吾教人致良知在格物上用功，却是有根本的学问。日长进一日，愈久愈觉精明。世儒教人事事物物上去寻讨，却是无根本的学问。方其壮时，虽暂能外面饰，不见有过，老则精神衰迈，终须放倒。譬如无根之树，移栽水边，虽暂时鲜好，终久要憔悴。"

——《传习录·黄修易录》（二三九）

今译

先生说："我教导人致良知，需要在格物上用功，它是有根基的学问。一天比一天有所进步，越长时间就越觉得精明。朱熹教人到每件事物上去寻求探讨，那是没有根基的学问。人年轻的时候，虽然还能修饰表面，即使有闪失也看不出，到老年时精力衰竭，最终会支撑不住。例如，把一株无根的树移栽到水边，短时间内树虽生气勃勃，但时间一久，自然会枯萎而死。"

以义为原则，自然没有执着

古人说应接事物时应“无适无莫，义以为比”，意思是没有固定的肯定模式，也没有固定的否定模式，而是要以义为原则进行肯定或否定。北宋大儒谢良佐言简意赅地指出：“适就是可以，莫就是不可以。天下人和事，没有什么可以不可以的，但是假如没有道义作为主心骨，不就差不多是随意妄为了吗？这是佛、道两家的学问，他们以这种观点，表明自己心无所住而能应付各种事变，但到底是得罪于圣人。圣人的学说不是这样，在无可无不可之间，有义存在。君子的心，终究是有所依赖的吧！”

阳明讲无适无莫，用了“不执着”三个字。无论是不执着还是应无所住而生其心，实际上讲的都是良知的活泼自由，并不执着于具体的善恶观念，不执着于善的作用形式。

玉树有花难结果，天机无线可通针。“致良知”的工夫作为一种直觉顿悟，关键在于本心良知对世界的直观领悟。既要摆脱来自理性意识方面的障碍，也就是所谓的理障，又要摆脱来自实用意识方面的所谓“相缚”。“理障”和“相缚”的共同特征，就是对现成之物“理”和“相”的执定。

据记载，王龙溪进入王门之前，曾经问阳明弟子魏良器“理在哪里”，良器回答：“理无定在，心之所安，即是理。”龙溪又问怎样尽孝，良器回答：“孝无定法，亲之所安，即是孝。”如此随缘应物，深入浅出，自然不同庸儒。用现代语言来说，无适无莫就是权变。

那么权变之下，又如何坚持自己的道义原则呢？一方面，要时刻反省自己的说法做法是否真的符合道义原则，这是对事；另一方面，即使认为自己的说法做法真的符合道义原则了，也不应对别人的说法做法采取排斥、攻击的方式，这是对人。

原文

黄勉之问：“‘无适也，无莫也，义之与比。’事事要如此否？”

先生曰：“固是事事要如此，须是识得个头脑乃可。义即是良知，晓得良知是个头脑，方无执着。且如受人馈送，也有今日当受的，他日不当受的。也有今日不当受的，他日当受的。你若执着了今日当受的，便一切受去。执着了今日不当受的，便一切不受去。便是适莫。便不是良知的本体。如何唤得做义？”

——《传习录·黄省曾录》（二四八）

今译

黄省曾问：“《论语》上说：‘无适也，无莫也，义之与比。’世间的每件事都要这样吗？”

先生说：“当然，只是要有一个主宰才可。义，也就是良知，明白了良知是主宰，才不会拘泥固执。例如，接受别人的馈赠，有今天应该接受，而改天不该接受的情况，也有今天不该接受而改天应该接受的情况。你若固执地认为今天该接受的，以后就统统接受，或者今天不该接受的，以后就统统拒之门外，如此就是‘适’‘莫’了，也就不是良知的本体，又岂能称作义呢？”

致良知不要间断，心性则纵横自在

本节是阳明对孔子“川上之叹”的解读。对孔子之叹，朱熹的解读兼采理学前贤观点，并指出有一种力行精神在其中：“天地之化，往者过，来者续，无一息之停，乃道体之本然也。然其可指而易见者，莫如川流，故于此发以示人，欲学者时时省察，而无豪（毫）发之间断也。”

阳明的解读，则侧重于为学的工夫。他的良知之学，就是培养人生生不息的生命自然、自主自由的意识行为、纵横自在的心性魂灵、活泼泼满盈盈的情志人格。在《传习录》中，阳明对为学工夫的次第解释得非常详细，如果总结起来，那就可以分成三种症状和三种对治的方法：

第一步：症状：心猿意马，有很多杂念和妄念。办法：坐下来，守静，保持思虑单一。

第二步：症状：虽然心静下来了，但是如同槁木死灰一般。办法：省察克治。将心中原有的欲望一一搜索出来，一出现即克服它。

第三步：习惯成自然，久而久之，即到达无私可克、天理纯全、何思何虑的境界了。

原文

问："'逝者如斯'是说自家心性活泼泼地否？"

先生曰："然。须要时时用致良知的工夫，方才活泼泼地，方才与他川水一般。若须臾间断，便与天地不相似。此是学问极至处。圣人也只如此。"

——《传习录·黄省曾录》(二五三)

今译

有人问："《论语》中的'逝者如斯'，是指自己心性本体活泼泼的吗？"

先生说："是的。必须每时每刻用致良知的工夫，才能活泼，才能和江水一样。若有片刻的间断，就与天地的生机活泼不相似了。这是做学问的关键。圣人也只能这样子。"

良知完完全全，清楚判断是非

阳明主张，为人做事要想达到为善去恶的目的，便应该以自己的“良知”作为判断是非的标准，而不应以程朱格言和孔孟教导作为准则。他说：夫君子之论学，要在得之心。众皆以为是，苟求之心而未会焉，未敢以为是也；众皆以为非，苟求之心而未契焉，未敢以为非也。（《王文成公全书》卷二十一《答徐成云》）

我们之所以能这样自信，良知作为认知主体，即是知是知非之心，具有判断是非的能力。良知所具有的判断是非的能力，也就是心所具有的主体判断能力。

阳明所谓的良知，不来源于人的闻见之知，它是不待学和虑的先验的认识主体。他说：“良知不由见闻而有，而见闻莫非良知之用。故良知不否于见闻，而亦不杂于见闻。”也就是说，包括对事物的判断在内的闻见之知，是依赖于良知而存在的，是良知的作用和表现。

同时，良知在知是知非的同时，也有对是（善）产生喜好，对非（恶）产生厌恶之情。因此，良知便并不只是对是非善恶的明觉精察，而同时亦是一种道德实践的动力，即在良知知是知非时，同时生起道德实践。

原文

先生曰:"'天命之谓性',命即是性。'率性之谓道',性即是道。'修道之谓教',道即是教。"

问:"如何道即是教?"

曰:"道即是良知。良知原是完完全全,是的还他是,非的还他非,是非只依着他,更无有不是处。这良知还是你的明师。"

——《传习录·黄省曾录》(二六六)

今译

先生说:"'天命之谓性',命即性;'率性之谓道',性即道;'修道之谓教',道即教。"问:"道为什么就是教?"

先生说:"道就是良知,良知本来是完完全全的,正确的就给他个正确的,错误的就给他个错误的,对错只根据良知,这样就不会再有闪失,这良知依旧是你的老师。"

心如斑驳之镜，必须磨刮一番

磨镜，就是保养镜子的应物不藏的性能。对此，徐爱有一段精辟的论述："人心好比镜子。圣人的心就像明亮的镜子，普通人的心就像昏暗的镜子。朱熹的格物学说，如同用镜子照物体，只在照上下工夫，而不知道镜子还是昏暗的，怎么能照清楚呢？先生的格物学说，正如打磨镜子使它变得明亮，在打磨上下工夫，镜子明亮后也不曾影响照物。"

《传习录》所收，基本是阳明话语，门人们所言都是向老师请益的问题。而门人的话语单独收录的，仅此徐爱一句。可见，徐爱的这一观点，是深得阳明本人首肯的。

阳明从年轻时开始就致力于心学，由于明初以来作为官学的朱子学仍很隆盛，所以他是从肯定陆九渊开始，从宗性的朱子学转而提倡宗心之学的。然而，正如我们从《朱子晚年定论》一书中所看到的那样，阳明在中年时，并没有完全从曲学阿世的观念中摆脱出来。但晚年当他以致良知为学之宗旨以后，便把一切杂念统统抛在脑后，并在此基础上建立起独立的心学，从而最终奠定了既包括宋学全体大用思想，又吸取佛道虚无观念的明学。

这种高明精微和圆熟，并非是随着时间推移而自然出现的，而正是阳明本人不断痛下磨刮之功的结果。

原文

先生曰："圣人之心如明镜，纤翳自无所容，自不消磨刮。若常人之心，如斑垢驳蚀之镜，须痛磨刮一番，尽去驳蚀，然后纤尘即见，才拂便去，亦不消费力。"

——《答黄宗贤、应原忠》

今译

阳明先生说："圣人心如明镜，容不下一丝细微的灰尘，自然不需要消磨刮削；而普通人的心如同布满斑驳尘垢的镜子，一定要彻底地消磨刮削，把上面的尘垢全部消除掉，然后才能做到纤细的灰尘一落上就能发现，一拂拭就能擦掉，也不用费力气。"

第九章

平实快乐的心灵教育法

只可大而化之，不可引而自高

泰州的王艮从阳明那里了解到心学后，发自内心地感觉世界上所有的人都应该信奉这一绝学。可是老师的学说似乎只局限在南方，于是他生出到北方代师传道的志向。他十分感慨地说："千载绝学，天启吾师，可使天下有不及闻者乎？"

他是那种说干就干的人，主意一定，他就坐着自制的仿古轮子车，招摇过市，一路讲学，一直讲到北京的崇文门。尽管这次北上讲学并没有取得预期的效果，但他这种古风式的讲学，和敢于招摇的行为，还是吸引了不少人的眼球，所谓"人人以怪魁目之"，回头率当然也特别高了。

然而，由于王艮意气太高，行事太奇，用世之心太热，不仅被阳明去信斥责。回来后三天不受阳明接见，即便阳明送客，王艮长跪路旁，阳明也不看他，径自转身回屋。王艮膝行跟随来到门口，厉声说："孔子不为已甚。"阳明这才回头把他扶了起来。

从这件事情上，一方面可以看出，阳明担忧门人过于宣扬自己学说可能适得其反，受到反对者的打击；另一方面，他也是发自内心地不希望自己的学说成为一面高高的招牌或大旗，而失去教化人心的作用。

原文

问："先儒曰：'圣人之道，必降而自卑。贤人之言，则引而自高。'如何？"

先生曰："不然。如此却乃伪也。圣人如天，无往而非天，三光之上天也，九地之下亦天也。天何尝有降而自卑？此所谓大而化之也。贤人如山岳，守其高而已。然百仞者不能引而为千仞，千仞者不能引而为万仞。是贤人未尝引而自高也。引而自高则伪矣。"

——《传习录·陆澄录》(七四)

今译

有人问："先儒讲道：'圣人之道，必降而自卑。贤人之言，则引而自高。'这句话当如何看待？"

先生说："不对。如此就为虚伪，做作。圣人犹如天，无往而不在，日月星辰之上是天，地底下也是天。天什么时候降而自处于卑下地位呢？这就是孟子所说的大而化之。贤人如同高山，仅仅保持着它的高度罢了。然而，百仞之高不能再拉长到千仞，千仞之高不能再拉长到万仞。所以，贤人也未曾自引为高，自引为高就是虚伪。"

心术忠信笃敬，避免欺妄非僻

阳明认为，变化气质是教育的功效。人的后天习气能把天性遮蔽，因此，便需要恢复那本善的天然之性。致良知以去物欲之蔽，从而变化气质，这也是教育的真正目的。

世人讲忠信笃敬，往往理解成一副温良恭俭让的模样。但事实上，无论是忠信还是笃敬，都应从发心上来看，而不是仅仅从外表。倘若心中有鬼，充满了欺妄非僻，即使外表再温良也只是乡愿或小人；倘若心中一派堂堂正气，即便在外表现唐突，也不失为君子。

阳明在成功擒拿了反叛的宁王朱宸濠之后，明武宗的宠臣江彬、张忠等人散播流言说，阳明曾在一开始依附宁王，后看到宁王必败，才转而捉拿宁王来抢功劳。

阳明意识到了其中的危机。他第一次去拜访江彬等人的时候，江彬等人都给阳明设立的是下方的旁席，让阳明坐。阳明假装不知道这样的安排，大摇大摆地直接走到上席坐下，然后招呼江彬等人坐下方的旁席。江彬等人立刻脸色大变、开始口出恶言，阳明却不动声色、心平气和地告诉他们这样是正常的官场交际礼节。接下来有些人便上前给阳明解围，于是江彬等人才无言以对。

阳明不是为了争一个座席，而是不希望一旦受到江彬等人的节制，则此后事事都将听从他们的安排而不可逆转。

原文

一应言行心术,得无欺妄非僻未能忠信笃敬否?诸童子务要各以实对,有则改之,无则加勉。

——《传习录·训蒙大意示教读刘伯颂等》(一九六)

今译

一切言行心术,是欺妄怪僻还是忠信笃实?每位学生要求如实回答,有则改之,无则加勉。

孩子心中喜悦，自然乐于向学

直指人心，是阳明教育思想的核心理念。

阳明的内圣外王之学，在他平江西、湖南民变的作为之中已可看到。明武宗正德十三年（1518），阳明平定江西的动乱后，得胜班师。临行前，他为晓谕赣南各县父老乡亲，兴立学社而颁布文告。他关注社会，连小学教育都关注，足见他是多么地希望国治天下平。

对过分严厉的填鸭式教学和管教的做法，阳明进行了严厉的批评。他认为，近世的儿童教育就是因为违反了“乐教”精神，从而使儿童嫌恶教育，养成诡诈、粗顽、鄙吝的恶习。他在儿童教育方面强调理情一致主义（自然主义），这与他重视心之生意的精神是一致的。

他所批评的也正是那种板起面孔来教育孩子的作风，而指向的则是那种伦理绝对主义的教育思想。

宋代第七任皇帝赵煦登极时只有十岁，正是一个贪玩的孩子。有一天上课时，他偶尔折了一枝柳条来玩，担任老师的程颐立刻正色阻止说：“春天时节，万物生长，不应该随便攀摘，那会伤害天地和气。”赵煦把那枝柳条悻悻扔掉，气得发抖。司马光听说这件事情后叹息说：“使皇帝不愿意跟儒生接近的，正是程颐这种人啊！”

原文

大抵童子之情，乐嬉游而惮拘检，如草木之始萌芽，舒畅之则条达，摧挠之则衰痿。今教童子必使其趋向鼓舞，中心喜悦，则其进自不能已。譬之时雨春风，沾被卉木，莫不萌动发越，自然日长月化。若冰霜剥落，则生意萧索，日就枯槁矣。

——《传习录·训蒙大意示教读刘伯颂等》(一九六)

今译

一般而言，少年儿童的性情是爱嬉戏玩耍而讨厌约束，犹如草木刚萌芽，让它舒畅地生长就能迅速发育，以至枝繁叶茂；若对其摧残压抑，它们只会衰弱枯竭。今天，对少年儿童进行教育，千万要使他们欢欣鼓舞，内心愉悦，他们的进步自不会停止。有如春天的和风细雨，滋润了花草树木，它们抽枝发芽，自会茁壮生长。若经过冰霜的侵袭冻结，其生气受到挫伤，只会逐渐枯萎。

行为礼节，不可放荡

阳明认为，教育不仅要讲授研究事物深奥微妙的方法，以及了解宇宙万物的本原和事物发展的规律，同时还必须教学生学习唱歌和礼仪，并把它作为锻炼学生心性习气的重要手段。

他指出，唱歌咏诗时仪容要整洁，心气安定。声音明朗，节奏匀称，不急不躁，不狂不闹，不因畏难而气馁。久而久之，学生一到学校自然精神饱满，心平而气和了。

练习礼仪，必须做到静心、严肃。老师要认真观察学生的礼仪细节，审查学生的容貌举止，不容疏忽，不容懒惰，不容自满，不容羞怯，不容随意、不容粗野。做到从容不迫，但不迂腐迟缓；言行谨慎，但不拘束紧张。时间一长，礼貌自能纯熟，德性自能坚定。学生的班次有如歌咏。相隔一天，就轮到一个班练习礼仪，其余的都在座位上神情严肃地静静观瞧。练习礼仪的那一天，可以免去作课外练习。每十天就让四个班在学校依次练习礼仪，农历的每月初一、十五召集各学校在书院一起练习礼仪。

原文

往来街衢步趋礼节，得无放荡未能谨饬否？

——《传习录·训蒙大意示教读刘伯颂等》(一九六)

今译

在路上行走时，是否能谨慎注意而无任何放荡之处？

爱亲敬长，不可懈怠

阳明指出，古代是把人伦教化作为教育的目的，而后世则只顾记诵辞章而不顾教化，所以儿童教育必须以培养孝悌忠信、礼义廉耻为方向。他举诵诗、习礼、读书三种学习内容，批判了当时仅以读书做官为要，而视诵诗、习礼为不切于时务的风潮，认为这是陷于功利主义而违背古人立教之意的。诵诗应是为了发扬道德，习礼是为了正威仪，读书是为了锻炼人格。

他为学校制定的"教学流程"中，有着这样的具体指导——

每天清早，学生拜见行拱手礼后，老师要依序向每位学生提问：居家时爱亲敬长方面，是松懈疏忽还是情真意切？温情定省的礼节方面，是欠缺着还是在实践着？在路上行走时，是否能谨慎注意而无任何放荡之处？一切言行心术，是欺妄怪僻还是忠信笃实？每位学生要求如实回答，有则改之，无则加勉。老师要随时随地对学生加以委婉的教导和启发，然后，让学生各自回到座位上学习。

原文

每日清晨，诸生参揖毕，教读以次遍询诸生：在家所以爱亲敬长之心，得无懈忽未能真切否？

——《传习录·训蒙大意示教读刘伯颂等》（一九六）

今译

每天清早，学生拜见行拱手礼后，老师要依序向每位学生提问：居家时爱亲敬长方面，是松懈疏忽还是情真意切？

道必学而后明，讲学之外无明道

阳明指出，修道即教育，教育即致良知。因而施教不在授人以知识技能，而在授人以成圣之道，即造就完美的人格，教育功能在变化人的气质，以恢复人的本性。

正是出于这种教育理念，阳明反复强调道德的实践性，强调讲学如果只讲在口耳，以己意附成说或者以成说附己意，都只不过是揣摸测度，表面上看影响很大，实际上不是真知。真知必须落实在行动上，这就要求讲学要讲在身心上，真正地体验道，达到知行合一。

作为道德实践的内在根据，以良知为形式的德性的形成有一个过程："良知即天理。体认者，实有诸己之谓也，非若世之想象讲说者之为也。"（《与马子莘》）所谓实有诸己，即是通过自身的体察实践，使道德意识成为人的内在德性。

良知之中亦已蕴含了知善知恶的理性，明是非善恶作为圣学的题中之义，如果仅仅以知识的形态存在，则仍不免具有外在的性质；唯有融合于内在德性，良知才能成为人真实的存在：讲之口耳的讲学，与实有诸己的体悟之间的分别，便是物件性的知识与真实的内在德性的区别。

原文

夫“德之不修，学之不讲”，孔子以为忧。而世之学者稍能传习训诂，即皆自以为知学，不复有所谓讲学之求，可悲矣！夫道必体而后见，非已见道而后加体道之功也。道必学而后明，非外讲学而复有所谓明道之事也。然世之讲学者有二，有讲之以身心者，有讲之以口耳者。讲之以口耳，揣摸测度，求之影响者也。讲之以身心，行着习察，实有诸己者也。知此，则知孔门之学矣。

——《传习录·答罗整庵少宰书》(一七二)

今译

孔子对“德之不修，学之不讲”深感忧虑。但今天的学者只要读了几天书，略懂一点训诂，就自以为能够知道学问了，就不再去讲究探求了，真可悲！道，必须体察后才有所见，并非见道后才下体察道的工夫。道，必须通过学习才能理解，并非在讲学之外还有明道之事。然而，现在讲学的人有两种，其一用身心来讲学，其二用口耳来讲学。用口耳讲学的，揣测估摸，讲的尽是捕风捉影、似是而非的内容。用身心讲学的，所言所行，的确是自己具备的东西。能够知道这些，也就深谙孔子的学说了。

功课不在多少，贵在精熟与否

阳明以致良知为学问之头脑，但是为适应门人的不同资质，阳明则或者在本体上说工夫，或者在工夫上说本体，并适当在他们力量所及处而加以奖掖。

所以，他认为，教化是完全应该适应人的资质的，超越等级之事是没有的，并指出，上根人可由直下悟入，而中根以下人则不可能直接悟性命，必须慢慢地教导才行。（见《与杨仕鸣二》《答友人问》《书孟源卷》）。

他曾经在给学校制定的“校规”中不厌其烦地指出：老师讲授功课不在数量多少，贵在精熟与否。依据学生的资质，能认识两百字的，只能教他认一百字。让学生的精神力量常有富足，那么，他们就不会因为辛苦而讨厌学习，相反会因有收获而愿意学习。

原文

先生曰："我辈致知，只是各随分限所及。今日良知见在如此，只随今日所知扩充到底。明日良知又有开悟，便从明日所知扩充到底。如此才是精一工夫。与人论学，亦须随人分限所及。如树有这些萌芽，只把这些水去灌溉。萌芽再长，便又加水。自拱把以至合抱，灌溉之功皆是随其分限所及。若些小萌芽，有一桶水在，尽相倾上，便浸坏他了。"

——《传习录·黄直录》（二二五）

今译

先生说："我们这些人致知，也只是依据各自的能力尽力而为。今天的良知仅到这样的程度，就只依据今天所理解的延伸到底。明天良知又有新的体悟，那就从明天所理解的延伸到底。如此方是精一的工夫。同别人探讨学问，也必须依据他的能力所及。这就如同树刚萌芽，用少量的水去浇灌。树芽稍长了一点，再多浇一点水。树从一把粗到双臂合抱，浇水的多少，都要根据树的大小来决定。刚萌生的嫩芽，如果用一桶水去浇灌它，就会把它泡坏了，又有何益？"

针对气质施教，造就个性人格

教育和学习，说到底就是对人性和人格的磨砺。

阳明不仅是一位思想高超的哲学家，更是一位伟大的教育家和心灵导师。他对教育的理解完全依据其哲学思想，对教育的目的、方法、德育理念，均有其真知灼见。出于自身的成长经历和人生体悟，阳明大力提倡因材施教的教育方法，主张因应被教育者的个人气质进行教育，对性格狂放的人就从狂处去成就他，对于洁身自好者就从洁身自好的地方成就他。

阳明在绍兴时，听说王龙溪是个难得的人才，就想收他为弟子。可是又听说他为人豪爽仗义，天天出没于酒馆赌场之间，寻欢作乐。于是，阳明让自己的弟子们也学玩棋赌博和饮酒作乐。过了一段时间，他派出一个善于饮酒赌博的弟子，随同王龙溪来到酒店赌博。

结果，王龙溪输了个精光。他觉得有些奇怪，就问那人为什么如此精通。那个弟子说："没什么，我们在老师家里天天赌博，下棋喝酒是经常的事情。"

王龙溪十分惊讶，跟着那个弟子来到学馆。他与阳明一交谈，就被折服了，当即做了王门弟子。

在教育理念上，阳明也是汲取了程颢等人的智慧。二程对孔子的因人而教思想推崇备至，并把这一经验上升到理论的高度："君子教人，或引之，或拒之，或各因所亏者而成之而已"，"强勇者抑之，畏缩者充而养之。"不过，阳明对"因材施教"还赋予了新的解释，认为教学不单在于使人学到知识，发展道德理性，更重要的在于造就豪杰一般的战斗精神，成就学生的独立人格。

原文

圣人教人，不是个束缚他通做一般。只如狂者便从狂处成就他，狷者便从狷处成就他，人之才气如何同得？

——《传习录·黄省曾录》(二五七)

今译

圣人教育人，不是死守一个模式，对于狂者就从狂处去成就他，对于洁身自爱者就从洁身自爱处去成就他。人的才能、气质怎么相同？

与愚夫愚妇同德，不做社会异端

异端，举凡事物必有两端，比如一条线必然有两个头。如果从这一端看，那么另一端就是异端。反过来从另一端看，这一端又成了异端。战国诸子中，墨翟讲“兼相爱、交相利”，而杨朱则主张“拔一毛而利天下不为”，其实也是各执一端，因此水火不容。孟子曾经尖刻地批评这两个极端说：“杨氏为我，是无君也。墨氏兼爱，是无父也。无父无君，是禽兽也。”

阳明对于异端的这个直接的解释，就是与民众的大多数保持一致，既体现了阳明的民本思想，也是其注重实践性的一种反映。

阳明从南昌到绍兴，他的弟子魏良器发现先生的邻居有一青年豪放不羁，不但不上门拜见，反而暗中詈骂。良器多方接触，却发觉此人悟性高，谈吐如珠走盘。一日，这个青年路过王门，听到里面弦歌不绝，不由惊讶，便问良器：“腐儒亦为是耶?”良器道：“吾等为学，未尝呆板扳(不灵活)，汝自不知耳!”

又一日，两人同行遇雨，良器以手盖头，青年也以手盖头，但心内忐忑，一看良器从容自如，深愧不及。这个青年就像一匹野马被牵入王门，尔后成为赫赫有名的黑马——王龙溪。

原文

或问异端。先生曰："与愚夫、愚妇同的，是谓同德；与愚夫、愚妇异的，是谓异端。"

——《传习录·黄省曾录》(二七一)

今译

有人问："什么是异端？"先生说："与愚男蠢女想的一样，叫作同心同德；与愚男蠢女想的不一样，就叫作异端。"

圣愚良知相同，不可高高在上

阳明还要求弟子以“愚夫愚妇”的姿态与人讲学。

钱德洪与黄正之、张叔谦、王汝中丙戌(1526)会试归，在路途中讲阳明的心学，结果有人信有人不信。阳明对他们说：“你们拿一个圣人的样子去与人讲学，人们看到圣人来了，都吓跑了，如何讲得开呢？你们一定要先做得个愚夫愚妇的样子，才可以给人讲学啊。”

无论是愚夫愚妇还是人格境界已经超凡入圣者，在良知上都有同等的“生生之灵根”，有具众理而生万事的虚灵不昧的明德。这就好比是说，一出戏剧的剧本是现成的，每个人袍笏登场，扮演那剧中一个角色。每个人扮演不同的角色，但是那剧本还是一个。也正因有这样的一个本子，圣贤一方面有与愚夫愚妇相沟通的基础，另一方面也有了讲究教化策略的必要和可能，不需要一开始就高高在上，从而也被拒之于千里之外。

原文

洪与黄正之、张叔谦、汝中丙戌会试归，为先生道途中讲学，有信有不信。先生曰："你们拿一个圣人去与人讲学，人见圣人来，都怕走了，如何讲得行？须做得个愚夫愚妇，方可与人讲学。"

——《传习录·黄省曾录》(三一三)

今译

钱德洪、黄正之、张叔谦、王汝中于丙戌(1526)在参加会试的归途中，纷纷讲授先生的学说。听众里有的人相信，有的人怀疑。先生说："你们扛着一个圣人去给别人讲学，人们看见圣人来了，都给吓跑了，怎么能讲得好呢？唯有做一个愚夫笨妇才能给别人讲学。"

满街都是圣人,只为习气遮迷

福建泉州的开元寺有一副有名的对联:“此地古称佛国,满街都是圣人”。据说这副对联来自宋代朱熹,他看到泉州浓郁宗教文化氛围后,一方面为之感叹,另一方面又有感于当时流行的“无好人”的话头害人不浅,于是留下这句赞语。现在的对联,是由民国时期的弘一法师(李叔同)所书写。

阳明在这一点上与朱熹是意见相同的。他在《咏良知》诗中写道:“个个人心有仲尼,自将闻见苦遮迷,而今指与真头面,只是良知更莫疑。”就是说,每个人都有像孔子一样的本心,但是在后天的社会环境和流行习俗的影响下,一些人的善良之心被蒙蔽了。要还原人的本来面目,就是复归以“良知”为代表的善良之心。

学者嵇文甫曾将阳明比拟为“道学界的马丁·路德”,并形象地说,在阳明那里,圣人的资格放宽了,“聋圣人,哑圣人,土圣人,农圣人,大大小小、形形色色的圣人,都该为阳明所容许。于是,许多下层社会的分子,都有机会闯入圣人的门墙了”。

这不是从现实个人的实际行为而言的,而是从每一个人本性所禀而言,从成圣的潜在性而言。从本质上看人,即每个人原本都有一颗善良的本心,都有成就完美人格的潜质。常人与超凡入圣者同此心、同此性,所以说“满街都是圣人”。

原文

先生锻炼人处，一言之下，感人最深。

一日，王汝止出游归。先生问曰："游何见？"对曰："见满街都是圣人。"先生曰："你看满街人是圣人，满街人倒看你是圣人在。"

又一日，董萝石出游而归。见先生曰："今日见一异事。"先生曰："何异？"对曰："见满街人都是圣人。"先生曰："此亦常事耳，何足为异。"

盖汝止圭角未融，萝石恍见有悟，故问同答异，皆反其言而进之。

——《传习录·黄省曾录》(三一三)

今译

先生教育指点人时，一句话就能感人肺腑。

有一天，王汝止外出回来。先生问他："在外面看到了什么？"王汝止答道："我看到满街的人都是圣人。"先生说："你看到满街人都是圣人，他们看你也是圣人。"

又一天，董萝石外出回来。他对先生说："今天看到一件稀奇事。"先生说："什么稀奇事？"他答道："我看到满街人都是圣人。"先生说："这件事太平凡了，有什么值得惊奇的。"因为王汝止毕露锋芒，董萝石恍然省悟。因此，问题相同答案各异，先生都是就他们的话而启发他们。

真圣贤并无崖岸，人人可学而至

近代学者唐君毅说：孔子之言皆不离日用寻常，即事言理，应答无方，下学上达，言近旨远，随读高低，而各得其所得。然以其不直接标示在上之心灵境界，故读者亦可觉其言皆平凡，不及西哲之作，如引人拾级登山，胜境自辟。

这种说法有一定道理，但是阳明此话的重点并不在此。他的意思是说，真的圣贤如平地一般人人可得而学，而不会高如崖岸使人无从学起。事实上，这也是君子的学问、人生、境界从高而低的一次回复和跃迁。

阳明还认为降低自己的身份或拔高自己，都是在作假。他举例说，超凡入圣的人就好像天一样，无处不是天，从来不会降低自己的身份，贤人就好像山峰一样，百仞的山峰不能拔高成千仞，千仞的山峰不能拔高成万仞。

原文

洪又言今日要见人品高下最易。先生曰:“何以见之?”对曰:“先生譬如泰山在前,有不知仰者,须是无目人。”先生曰:“泰山不如平地大,平地有何可见?”先生一言,翦裁剖破终年为外好高之病,在座者莫不悚惧。

——《传习录·黄省曾录》(三一三)

今译

钱德洪又谈到,如今极容易看出人品的高低。先生说:“怎么见得?”钱德洪答道:“先生如同泰山在面前,若不知道敬仰,就是没有眼珠的人。”先生说:“泰山不及平地广阔,在平地上又能看到什么?”先生这一句话,剔除了终年好高骛远的弊病,在座的诸位无不有所警惧。

大道本无穷尽，问难有助发挥

在孔子的学生中，颜回悟性最高，对于老师的话默默地记下，能融会贯通而没有什么疑问，而且对老师表现得最崇敬，但孔子却说他“非助我者”。这是为什么呢？

因为颜回对孔子没有什么问难，这对于教学相长并不是什么好事。阳明指出了这一点，同时也在教学中提倡师生相互问难提示。事实上，在他的提倡下，门下相互批评与辩难的风气是很盛的，并因此而显现出充沛的活力和活跃的学术氛围。魏良器看到钱德洪临事多滞，提醒说：“心何不洒脱？”看到王龙溪懒散，又毫不客气地提醒说：“心何不严栗？”

当时，出身盐丁的泰州王银向来特立独行，平日里戴着自己制作的代表仁、义、礼、智、信的“五常冠”，穿着仅袖口周长就有二尺四寸的又宽又大的“深衣”，手执竹简，引无数人侧目而泰然自若。他到南昌拜见阳明的时候，并不是拜师去的，而是要看看自己的见解与阳明究竟有什么异同。所以，两人一见面，就“相与究竟疑义”，直至“纵言天下事”，反复辩难起来。

几个回合下来，王银的座位也随着由上座而侧座，当听了阳明讲“致良知”的心学宗旨后，当下佩服得了不得，“乃下拜而师事之”。可王银不是那种轻易服输的人，他回到住处后，又感到自己拜师太轻率了，第二天又过去与阳明辩难一番，最后才心悦诚服。

王银的这种独立思考、不轻易盲从的态度，使阳明大为赞赏，事后对门人说：“向者吾擒辰濠，一无所动，今却为斯人动矣。”他给这个远道而来的学生改名为艮，命其字为汝止，教育王艮行止得当，动静适时。在阳明先生的悉心指点下，王艮接受了心学的基本思想，成为阳明的得意门生之一，并在阳明去世后开创了泰州学派。

原文

问："孔子曰：'回也，非助我者也。'是圣人果以相助望门弟子否？"

先生曰："亦是实话。此道本无穷尽，问难愈多，则精微愈显。圣人之言本自周遍，但有问难的人胸中窒碍，圣人被他一难，发挥得愈加精神。若颜子闻一知十，胸中了然，如何得问难？故圣人亦寂然不动，无所发挥，故曰'非助'。"

——《传习录·黄以方录》（二四〇）

今译

有人问："孔子曾说：'回也，非助我者也。'圣人是真的希望他的弟子帮助他吗？"

先生说："这也是实话。这个道原本无穷尽，问得越多，精微处就能显现。圣人的言论，原本很周全，发问的人胸中堆积疑虑，圣人被他一问，也就发挥得更加畅快神妙。然而，如颜回那样闻一知十，胸中什么都知晓，又如何能发问呢？因此圣人只好寂然不动，无任何发挥，因此说'非助'。"

心外无学

朱熹在白鹿洞书院的揭示中所列举的五条学规，分别采自《易经》及孔、孟、董仲舒之语。阳明在《紫阳书院集序》中称赞说："夫为学之方，白鹿之规尽矣。"

然而，他又认为其中尚有未尽之意，白鹿书院的五条学规本来是一贯的，但因为学者把它们各自分离而不知其一贯之妙，所以朱熹主张随事精察而力行之。然而，后世学者却使之失于支离琐屑、色庄外驰，并流于记诵功利之习，但这并不是朱熹之罪。

阳明认为，后代儒生做学问之所以支离片面，是因为不晓得读书的目的本来就是去除心的遮蔽和发掘心的力量。为此，他把白鹿之五条学规作为心学，并概略地作了解说。

"博学，审问，慎思，明辨，笃行"是《礼记·中庸》指出的为学的工夫。"博学"，为学要广泛猎取，要相容并包，具有世界眼光和开放胸襟；"审问"，有所不明就要追问，对所学要加以怀疑。问过以后，还要通过自己的思维进行考察分析，就是"慎思"。"明辨"是对所学进行辨别，否则学到的东西就会真伪难辨；"笃行"就是努力践履所学，使所学最终有所落实，做到"知行合一"。

阳明认为，"博学，审问，慎思，明辨，笃行"的工夫，可以用"求其放心"来一言以蔽之。唯有把心体之明作为自己为学的追求，才能时时刻刻地把所有的工夫都用在自己的身心之上，改造自己的生命，而不至失于支离琐屑或流于记诵功利。这就是心外无学的道理。

原文

孟氏所谓“学问之道无他，求其放心而已矣”者，一言以蔽之。故博学者，学此者也；审问者，问此者也；慎思者，思此者也；明辨者，辨此者也；笃行者，行此者也。心外无事，心外无理，故心外无学。

——《紫阳书院集序》

今译

孟子所说的“学问之道没有别的，只是希望能心安理得而已”，一句话就全概括了。博学就是要学它，审问就是要问它，慎思就是要思它，明辨就是要辨它，笃行也就是要实践它。心之外再无他事，心之外再无他理，所以心之外也就没有什么可学的了。

参考文献

钱穆:《阳明学述要》,九州出版社 2010 年版。

邓艾民:《传习录注疏》,上海古籍出版社 2012 年版。

陈来:《有无之境——王阳明哲学的精神》,人民出版社 1991 年版。

司雁人:《阳明境界》,中国社会科学出版社 2007 年版。

蔡方鹿:《朱熹与中国文化》,贵阳人民出版社 2001 年版。

〔宋〕程颢、程颐:《河南程氏遗书》,中华书局 1981 年版。

〔清〕黄宗羲著,沈芝盈点校:《明儒学案》,中华书局 1985 年版。

[日]冈田武彦著,吴光等译:《王阳明与明末儒学》,上海古籍出版社 2000 年版。

肖鹰:《王阳明的良知本体》,《浙江学刊》2000 年第五期。

龚晓康:《从"无善无恶"看心学与佛学交融的可能与限度》,《教育文化论坛》2011 年第五期。